史料纂集

師守記 第十

凡例

一、史料纂集は、史學・文學をはじめ日本文化の研究上、必須缺くべからざるものでありながら、今日まで未刊に屬するところの古記錄・古文書の類を中核とし、更に既刊の重要史料の中で、現段階において學術的見地から全面的に改訂を要すべきものに新たに校訂を施してこれに加へ、集成公刊するものである。

一、本書は、外記中原師守の日記で、原本は一部を除き國立國會圖書館の所藏にかかる。

一、本書は、原本の目錄に「師茂記」と題されてゐたため、帝國圖書館時代から「師茂記」と稱せられてきたが、翻刻にあたつては「師守記」と改めた。因みに本稿の全體に亙る解說は最終卷に載せる豫定である。

一、本書は、曆應二年七月から貞治七年正月までと、應安四年・同七年の分を存するが、中間に若干缺失の年次がある。詳細は最終卷末の解說に讓る。

一、本册には、第九册につづけて、國立國會圖書館所藏原本により、第六十卷（貞治六年七月）から第六十三卷（貞治七年正月）までの分と、別筆抄錄の第六十四卷（應安四年・同七年）を收めた。

凡例

一、本冊の翻刻に當つては、つとめて原本の體裁・用字を殘したが、校訂上の體例については第一冊の凡例に掲げた通りである。

一、本書の公刊に當つて、國立國會圖書館はこれを許可せられ、且つ種々の便宜を與へられた。特に記して深甚の謝意を表する。

一、本書の校訂は、藤井貞文・小林花子の兩氏が専らその事にあたられた。併せて銘記して深謝の意を表する。

昭和五十一年四月

續群書類從完成會

目次

師守記　第十

〔第六十巻〕

（包紙）「貞治六年　七月」　○上記は後筆、

貞治六年　□□〔師守〕

七月

一日、丙子、天晴、夷則之朔、万方之慶、所願一〻可成就月也、壽福増長延命、子孫繁昌、官位俸祿重疊、幸甚〻〻、

田井保に返答す

今朝田井保返事書賜之、

若狹の鰺鰹

崇光院伏見殿御幸の準備

將軍近習と山名時氏の若黨と爭鬪す

今朝干魚小鰺廿隻・鰹三、自大方拜領之、悅申、幸□(甚、カ)若州濟物也、
今日爲四條前中納言(宰相)隆仲(西大路)朝臣奉行、自仙洞被仰家君云、來五日可有御幸伏見殿、出車懸
替牸牛、可被儲七条東洞院之由、內々被仰下云々、可存知之旨、被進請文了、

辰一點可儲七□(条)東洞院之由、可被仰□□

來五日可有御幸伏見殿、出車懸牛闕□□一頭可被沙汰進之由、內々被仰下候也、謹言、

七月一日　　隆仲

四位大外記殿(師茂)

來五日可有御幸伏見殿、出車懸牛一頭可沙汰進之由、被仰下之旨、謹奉候了、辰一點
可儲七条東洞院之由、同可存知候、且可令得其御意給候乎、師茂謹言、

七月一日　　師茂

(頭書)「□(今)日將□□(軍近)(足利義詮)習大內修理亮若黨与山名左京大夫入道(時氏)家人渡邊若黨喧□、大內□□二□
□害、渡邊若黨□世者一人被致害、近習輩多馳集大內許、三条高倉与六角□倉、渡

邊宿六角高倉与万里小路間北頬也、然而兩方被致害間、無殊事、靜謐云〻、神妙〳〵、

本願寺

渡邊若黨以輿□（取）本願寺云〻、」

葛野御稲の草代を催促す

二日、丁丑、天晴、今朝左近太郎（友永）遣葛野御稲、爲草代催促也、百八十四文催促、進之、乏少以外也、

山城國段別米の勅答

今日午剋、家君着衣冠、令向万里小路大納言仲房卿宿所給、亞相對面申、山城國段別事、勅答之趣被尋之處、被下　綸旨事、更不知食、先年隆家（油小路）卿貫首時分、國長（高辻）卿此篇目令申之、□被思食、若彼卿祕計、武家邊申□（驚）欤、御不審、召彼卿可相尋之□（旨、カ）被仰下之間、可來之由、示遣之處、勞躰之間、難叶、子息長衡（高辻）朝臣今日可賜之由、令申之間、相待之程、委相尋　綸旨事、可申沙汰、定不可有子細欤之趣、被示云〻、又亞相被尋家君云、越訴之時、記錄所□申意見欤、如何、先日罷向勸修寺（經顯）一品、相尋之處、院中別傳□（奏）申意見欤、記錄所之儀、近比事無才學、且如候分可尋申之由、被□（命、）何樣哉云〻、上卿別不及意見、難義事、上卿・弁官已下御談合事有之由、被答之、近程可有越訴沙汰欤、此次庭中同可被聞食之樣、有御沙汰云〻、

日野時光の病を見舞ふ

次令向前藤中納言時光（日野）卿許給、以刑部權大輔良方、所勞事被尋問之、同躰也、奉之条、本意之由、有返事云〻、

三井寺南禪寺の確執

次參白川聖護院宮御坊給、三井寺与南禪寺依確執事、三門跡御領、守護可押管領之由、被仰諸國之間、爲被驚申也、故被參申之条、

幕府の干渉を嘆く

御本意也、凡武家沙汰之次第、理不盡之間、被驚思食、佛法衰微、不能左右歎之由、被仰御返事、次參殿下(二條良基)給、以前治部卿經量(町)卿被申見參、

山城國諸司領の違亂を奏聞す

山城國諸司領違乱事、可直之由、武家奏聞之由、先日被仰下之間、目出存之趣、被申之、雖可有御對面、御慌(マヽ)笥之間、無其儀、今度可有御參、山城國諸司領事、武家仁無故押領之地、付奉行人、可止違乱之由、令申云々、□□□(仍寮領)內、如此類有之者可申、可被執仰之旨、先日被仰了云々、其後歸宅給、

改元定の沙汰

今日頭右大弁嗣房(萬里小路)朝臣觸申云、來十三日可有改元定、任例可被致沙汰□□可存知之旨、被出請文了、則被下知□(文カ)殿了、

赤痢の藥

「(頭書)今朝赤痢良藥被所望但馬入道道仙之間、□病者年可沙汰進之由、令申候間、廿六女性断旨、重被示遣之間、付使一裹進之、是此間チイ御断赤痢以外之間、被所望了、則被服□(也)」

御粟園訴訟

今日御粟園訴詔事申狀、目代國弘(中原)執進、彼申狀之旨、年預國隆(源)申所存、仍被返彼申狀於國弘、以年預可申之由、被仰之、」

「(裏書)二日

來十三日可有改元定、任例可被致沙汰之狀、如件、

七月一日　右大弁判

四位大外記殿

來十三日可有改元定、任例可致沙汰之由、可存知候、仍言上如件、

七月二日　　大外記中原師茂 狀

來十三日可有改元定、任例可致沙汰之狀、依仰執達如件、

七月二日　　國弘 上

外記文殿」

三日、戊寅、天晴、申剋許、東西南北雷鳴、不降雨、

今朝來十三日改元定事、被下知文殿、忩可相觸一﨟康隆（中原）・四﨟良種（清原）之由、被下知了、昨日無使之間、今朝被下知了、

二條良基仙洞御所參候の爲に牛を借る

今日自殿下被借召家君牛、今夜可有御參仙洞云々、可進上、明後日可有御幸伏見殿、出車懸析被仰下之間、申領狀、如先々令遲々候者、可爲難治候、早速可被返下者、可進上之趣也、及晩被召之了、

南山科御稲草代を辨ず

今日木幡彦三郎草代百文弁之、

南山科御稲草代を催促す

今日源次郎遣南山科御稲法道跡、爲草代催促也、而無沙汰、以外也、

足利義詮土岐頼康宿所に赴く

「(頭書)今日鎌倉前大納言(足利義詮)被渡土岐大膳□〔大〕夫(頼康)入道光堂宿云々、有種々儲云々、

天變

今夜天變飛丑寅云々、」

四日、己卯、天晴、申剋、丑寅方聊雷鳴、

仙洞御所に於て連歌あり

今朝自殿下牛被返下、爲仙洞終夜有御連歌云々、

大炊寮所領の訴訟

今朝文殿助豊(和氣)來十三日改元定事相觸一﨟・四﨟等之處、各難治故障之由、被申之云々、

今日自殿下以假名御書、被仰家君云、寮領等事目安令用意、可被進、可被執下候、自明日沙汰始行候、支證□□□〔分明カ〕申云々、請文自是可申入之旨、被答了、則書請文被進、善覺相尋月輪中將家尹朝臣(藤原)、付請文、又寮領等事、御稲法相〔マヽ〕交詰増同領之間、一円武家之輩押領□〔無〕之、式号〔マヽ〕半濟引之、或川副里女御田押領事等有之、此等類□訴申歟之趣、被伺申之處、雖爲如此類、可被申之旨、月輪中將令申之、次以家君狀被遣大判事明宗(坂上)鴻臚館事被相尋之處、明宗對面善覺、令申云、

武士山城の社寺領を押領す

去月廿七日武家有沙汰、出事書、先山城國寺社本所領事、武家押領所々、可有嚴密沙汰之旨、有沙汰奉行人三人被定之、自明日可被始行、

足利義詮裁判を聴く

大樹(足利義詮)出座、可被聞也、奉行ハ布施彈正大夫(資連)・雅樂左近入道(道觀)・松田八郎左衛門尉(貞秀)等云々、違乱所々、可被成御教書、其上猶不承引者、不及被成重御教書、當〔參〕康仁ハ被召仰、不承引

廣瀬龍田祭延引
石清水社神人閉籠す
南山科御稲より年貢皆納す
七月節
武士の山城諸社寺領押領を停む

者、可被召別所領、在國武士者、則可被加治罰之趣、載事書之旨、令申之、事書案写進
之、鴻臚舘事可爲沙汰隨一之間、開眉之由、語之云〻、
今日廣瀬・龍田祭延引歟、不及被仰也、
今日神人等閇籠八幡宮播州神領事云〻、
（頭書）
「今朝南山科御稲供御人木幡彦三郎草代未進百文弁之、於今者皆納也、
今日頭弁嗣房借申家君牛、可參殿下之處、及闕如云〻、付使被遣之、明日被召仙洞、
早〻可返賜之由、被［　　］
今日入七月節、」
（裏書）
「四日
大判事書進本也、後日文章被直之歟、押武家侍事書聊令相違、
寺社本所領事　御沙汰 貞治六六廿七
擾乱以來、或被行恩賞、或被成析所上、軍勢甲乙人等、非分押領之所〻多在之云〻、
寺社本所牢籠不可然、仍爲別儀、御沙汰可被返付之間、先山城國分、仰侍所可遵
行、有申吴儀輩者、不及被成重御教書、就使節注進、於當參奉公之仁者、□〔不〕日可
去渡之旨、直被召仰、不承引者、可被□〔収〕□〔公カ〕□〔別〕所領、在國武士以下者、差遣官軍、

可加治罰、次又使節緩怠者、可處罪科矣、

武士の山城社寺領押領を停む

〔被押侍事書写之、〕
寺社本所領事　貞治六六廿七御沙汰

先〻有其沙汰、毎度雖被成下知御教書、曾無遵行之實、於今度者、以別儀可被返付之間、先山城國分、云恩賞之地、云公方之析所、將又非分押領之所〻、彼是共仰侍所可遵行、若有申旲儀之輩者、不及被成重御教書、就使節注進、所申無其謂者、於當參奉公之仁者、不日可去渡之旨、直被召仰之、猶不承引者、可被收公別所領、至在國武士甲乙人等者、差遣官軍可加治罰也、次使節又緩怠者、可處罪科矣、」

伏見殿御幸の出車料

五日、庚辰、天晴、今朝辰剋、牛以飼口被儲七条□□□（東洞院、カ）可有御幸伏見殿之間、出車析、兼日被仰家君之故也、

幕府山城社寺領押領を裁判し足利義詮出座す

今日於武家山城國寺社本所領事、始有沙汰云〻、大樹被出坐（マヽ）、上首二階堂山城中務少輔行元・小田常陸前司・安威新左衛門入道（性遵）、奉行人布□（施）彈正大夫・雅樂左近入道・松田八郎左衛門尉等出仕、

御粟園索餅

今日御粟園索餅二百帖、年預大炊允（源左衛門尉）國隆執進之、

崇光院伏見殿に幸す

今日　院（崇光院）御方御幸伏見殿、此間御坐菊亭殿、御幸奉行四条宰相隆仲朝臣也、

葛野御稲人夫の庭掃除に賜暇す

今日葛野御稲人夫庭掃除之間、賜暇、自去夜參入、是今日御幸伏見殿新懸牛被召之間、爲被進也、而飼口來之間、以彼被引進候、件飼口持病贄所勞相侵之間、爲時可及違乱之間、爲□(用)意召人夫、然而不入之間、於是召仕了、

空照房上京す

今日以予狀示遣法皇寺長老(空照房)、出京之時、在所云寺(山城國)社本所領事出事書、嚴密致其沙汰、今日被始行云々、就其鴻臚館事、可被返由□□(其説)候、先日奉候之間事、能々可有御迴案候、御在京候者、可申談之趣也、此間不被在京候、此御狀可進法皇寺之由、返答取置了、

小山義政任官の宣旨

今日　宣旨到來、是藤原(小山)義政可任下野守事也、上卿新中納言實綱(正親町)卿、則被出請文了、

石清水社神輿上京の風聞

今日八幡一神輿奉出宿院云々、可有入洛之由、風聞、以外也、

(頭書)「今朝自奈嶋乳母許進唐(マヽ)、予方七賦賜之、又被出々居了、

申剋牛被返下之、

今日迴覽文書二結、開闔兼治(小槻)以召次有末送進家君、記錄所事、可申沙汰之由、上卿万里小路大納言仲房仰開闔云々、

今日家君女房達一人始被召仕、

○以下の頭書は裏書の上部に記されてゐるが、前記に續くものとして此所に收めた、

田井保より海松和布の代錢を進む

今日自田井保海松并和布殘、以代錢進上之、此次公文道成進狀於予方、条々令申、

荒巻

梶井宮の僧徒等爭闘し千本邊燒亡す

小山義政宣旨

荒巻干魚一送之、
今夜戌剋、千本邊燒亡、後聞、梶井殿侍法師一人、千本在地人令致害之間、彼侍法
師子息以下御門徒・山徒等押寄在家、付火之間、燒拂□□□（百余間）云々、不穩便事也、千本
北頬在家云々、下手人則逐電致害歟云々、」
（裏書）「五日
口宣一紙獻之、早可被下知之狀、如件、
六月十四日　　權中納言判（實綱卿）
四位大外記局
貞治六年六月十四日　　宣旨
藤原朝臣義政
宜任下野守、
權中納言藤原判奉
謹請

宣旨

従五下（叙不）
藤原朝臣義政

宜任下野守、従五下藤氏綱（宇都宮）替 貞□ □十三叙

右　宣旨、早可令下知之状、謹所請如件、師茂恐惶謹言、

貞治六年七月五日　大外記中原師茂 請文」

武士石清水社神輿の上京を拒む

六日、辛巳、天晴、今暁武士向東寺、是八幡神輿可有御入洛之由、有其聞、為防禦□□

亡父の月忌

今日先考（師右）月忌也、備靈供、唱□（光）明眞言千反、奉訪御菩提、

今日下一房・為佛房被參大方、一時之後、被歸寺了、

吉祥院修造料の山城國段米

今日海松一外居被志万里小路大納言仲房卿、此次吉祥院修造析山城國段別事、被尋國長（高辻）卿欤之由、被尋問之、海松面白候、可賞翫候、段別相尋國長卿之處、去貞治二年被成綸旨旨、令申候、以此趣可申入之旨、被勘付、

鴻臚館

今日以善覺押武家侍事書被写遣大判事明宗許、之一昨日明宗書進事書、聊文章相違、鴻臚館事、昨日逢沙汰欤、不審之由、被示遣之、明宗對面、鴻臚館事、昨日可被執下事書於奉行人之由、奉之間、以雑掌尋遣了、未歸來之程候云々、

吉祥院修造料段米の綸旨あり

今夕頭右大弁嗣房朝臣進狀於家君云、大炊寮領□（吉祥院）□□段別事　綸旨書進之候、無相違候、

目出候、抑改元仗議無人例、不審候、勘賜候者、悦入候、端書、一昨日御牛、入夜自關白退出之間、即不返進候き、若御事闕候哉、返、歎入候云々、已入夜、明日自是可奉御返事之旨、使者令申、歸了、段別綸旨事、文章聊不足之間、可申直也、

改元定の仗議公卿無人の例

一昨日御牛、入夜自關白退出間、即不返進候き、若御□〔事〕闕候哉、返々歎入候、

大炊寮領吉祥院段別事　綸旨書進之候、無相違候、目出候、
抑改元仗議無人例、不審候、勘給候者、悦入候、毎事期面候也、謹言、

七月六日　嗣房

四位大外記殿

吉祥院修造山城國段米の綸旨

大炊寮申、吉祥院修造山城國御稲田段別事、師茂朝臣狀副申狀具書、如此、子細見于狀候歟、可止其責之由、可被仰遣武家之旨、天氣所候也、以此旨、可令洩申給、仍言上如件、
嗣房頓首謹言、

七月六日　右大弁嗣房奉

七夕詩歌

改元定仗議の上卿無人の例

行水

節供
御粟園索餅

春日代田及び出雲路屋敷今西庄

光嚴院聖忌に依て乞巧奠を停止す

法勝寺八講を行はず

大炊寮領吉祥院修造段米の綸旨下賜

改元定の公卿無人の例

進上　民部大輔□〔殿〕

(頭書)「山城國御稲田、此六字、翌日被書入之、以前文章不足之故也、」

七日、壬午、天晴、今朝榖葉書朗詠・七夕詩歌、上屋上、如例、大炊權助師豐〔中原〕同前、

今日頭弁嗣房朝臣去夕尋申、改元仗議上卿無人例、被注遣、武家　綸旨被悅遣了、

今日家君以下行水、予同行水、自大方有之、湯奉行源左衞門尉國隆、

今日節供不及沙汰、御粟園索餅許如形有之、予同不及沙汰、自大方有索餅、幸甚〻〻、

今日内御方御節供不及沙汰、兼日無被仰之旨、近年儀也、

今日家君迴覽文書二結春日代田并出雲路敷地事・今西庄事、渡賜之、

今日乞巧奠停止、依光嚴院聖忌也、

(頭書)「今日法勝寺御八講不被行之、兼日不及被仰局勢、御經供養歟、

今日召次不來、不及節供、察不具歟、」

(裏書)「七日

□

大炊寮領吉祥院段別事　綸旨下賜候了、早速申御沙汰、殊畏存候、可參申入候、

抑改元定公卿無人例、一通注進候、如院号定四人例、少〻存之候、兼又先日微牛

事、委承候了、雖何時候、可蒙仰候、仙洞御要御事闕沙汰進上候き、就惣別畏入候、恐惶謹言、

七月七日　　師茂状

（萬里小路嗣房）春日殿

改元定公卿無人例

永久六年の例

〔六人〕永久六年四月三日、改元、爲元永、上卿内大臣（藤原忠通）法性寺殿・權中納言藤原宗忠卿・源能俊卿・藤原忠教字無骨・源重資卿・參議藤原長忠朝臣等參入、

久壽三年の例

〔五人〕久壽三年四月廿七日、改元、爲保元、上卿内大臣（藤原）實能公・權大納言藤原公教卿左大將・權中納言藤原經宗卿・參議源雅通卿・藤原光頼朝臣等參入、

康永四年の例

〔六人〕康永四年十月廿一日、改元、爲貞和、上卿左大臣（洞院）公賢公・權大納言源（中院）通冬卿・權中納言（久我）通相卿・藤原（洞院）實夏卿春宮大夫・參議藤原（鷲尾）隆職卿・同藤（甘露寺）長朝臣等參入、

觀應三年の例

〔五人〕觀應三年九月廿七日、改元、爲文和、依代始也、上卿右大臣（道嗣）近衞前殿・權大納言通相卿・藤原實夏卿・權中納言（西園寺）實俊卿・參議（葉室）長顯卿等參入、

文和五年の例

〔五人〕文和五年三月廿八日、改元、爲延文、上卿右大臣近衞前殿・權大納言通相卿右大將・實

俊卿・權中納言實音（三條）卿・參議兼綱（勘解由小路）卿等參入、

延文六年の例

「六人 延文六年三月廿九日、改元、爲康安、上卿左大臣（近衛前殿）・前大納言源通冬卿・權中納言實音卿・仲〔房〕卿・藤原俊冬（坊城）卿・參議忠光（柳原）朝臣等參入、」

精進

八日、癸未、天晴、今日予精進、□□（所作）如例、遙拜北斗・因幡堂・六角堂、及晩魚食而已、

田井保に返答す

今朝賜田井保返事、予同遣返事於公文道成許了、

年號勘文の奏進

今朝文殿助豐參入、來十三日改元定必定歟之由、尋申之、一定歟、年号字勘文忩可被進之由、面〻可相觸之旨、被下知了、

今日予息女仝心聖靈月忌也、不及靈供、唱光明眞言百反、訪之、

越中國西吉江石塚預所職

（頭書）「今日越中國西吉江・石塚預所池田入道淨觀孫參申、預所職事、可被下御下文之旨、令申之、」

山城國御稻段米

今日午一點、家君着衣冠、出仕給、先令向万□□□□（里小路大納）言宿所給、是武家 綸旨無相違之由、被畏申、就文章聊被申談、於御稻田者、嚴重旲他之間、可止其責由、可被載歟之由、被申之處、就奏事、目六令書之、此分者重不伺申者、難書載云〻、今文章者不被載御稻之由之間、山城國御稻田之由、書入之了、次令向北小路中納言教光（武者小路）卿宿所給、而他行之

藥王寺住持職

間、被遣返、次令向中御門藏人右中弁宣方許、對面申、此次藥王寺住持職事、去一日有

備後國栗原保

其沙汰、妙専房越訴申状可下當住持（卽心）［　］行前刑部（高階資尙）權大輔資高（マヽ）朝臣、次參殿下給、以月輪中將家尹朝臣被申入、備後國栗原保［　］可被執仰武家歟旨、被申之處、於諸國事者、難義也、山城國事可被仰之趣、内〻以勘解由小路侍從宰相行忠（世尊寺）卿令申之間、旲他事者、可被執下也云〻、其後、歸宅給、

上杉憲顯上京す

今夜上椙民部大輔入道（道昌）俗名憲顯上洛、自上野國上洛云〻、被寄宿三条西洞院大草入道妙香宿所云〻、

越中國吉積庄西吉江石塚等預所職

九日、甲申、天晴、今日西吉江・石塚等預所宛文案・請文案書賜之、

十日、乙酉、天晴、今日越中國吉積庄内石塚・西吉江等村預所職事、被仰付鄕一丸、池入道孫池田、、忠宗申下之、任粁三貫文進上之、先例十貫也、寄付所勢、任例可被沙汰云〻、

極樂寺院主得分

又極樂寺院主得分事、被補院主之間、令奉行可沙汰進之由、被仰之、忠宗進請文了、

改元勘文を催促す

今日頭右大弁嗣房（萬里小路）朝臣進狀於家君云、改元勘文未到、面〻猶可被催促候、兼聊可有御沙汰候、隨到來先可進之由、［　］　［　］之旨、可加下知之由、被答了、則被下知［　］

［　］

田井保百姓預所の非法を訴ふ
唐梨

今日田井保公文道成進狀、是［　］［　］（預所）非法事、百姓等捧申狀、公文志進唐梨一籠、員五十云〻、但見在四十八有之云〻、百姓等申狀、以賚家御教書被返下了、予遣返事了、

葛野御稲より草代を納む

改元勘文を督促す

「（頭書）今日左近太郎（友永）遣葛野御稲、草代二百六十七文催促進之、
今日三条覺阿鳥目［　　］」
「（裏書）（改元カ）□□勘文未到候、面々猶可被催促候、兼聊可有御沙汰候、随到來、先可（進之カ）□□由、
被仰下候、謹言、
七月十日　嗣房

改元勘文未到、面々猶可令催促之由、奉候了、忩可觸申之旨、可加下知候也、恐惶謹言、
七月十日　師茂状

改元勘文未到、面々猶可令催促、兼可有御沙汰之間、如此被仰下之旨、只今被申候、今間各相觸可申散狀之由、其沙汰候也、仍執達如件、
七月十日　（中原）國弘上

外記文殿」

雷鳴
和布
吉祥院修造料の山城國御稲段米
佐々木高氏藤懸彈正預の越中國吉積庄西吉江等を押領す
南山科御稲の草代を催促す
東九條御稲より盆供の苽を進む
梶井宮の僧徒亂暴す
茅草を進む

十一日、丙戌、天晴、中斜南方雷鳴、
今日和布一帖被出青侍中、任例令支配、
今日山城國御稲田段別事、爲被申西園寺施行、書替申狀被付政所兵部權大輔言衡、明後日可賜取之由、以詞申返事、
今日西吉江・石塚兩村自苔桃被預置藤懸彈正之間、爲申御教書、整申狀、被付賦小河了、則賜雜掌了、賦猶判官入道(佐々木高氏)々譽、
今日源次郎遣南山科御稲供御人法道跡、草代殘爲催促也、又沙汰人草代同催促之處、各無沙汰、近日可致其沙汰云々、奇恠也、米事仰北山科御稲沙汰(マヽ)之處、未出來云々、
今夕自殿下被借召家君牛被進了、夜半已後、被返下之云々、御參內析云々、
今日下一房・爲佛房參入、來十五日分被引上了、下一房十四・五日可指合之故云々、
今日東九条御稲下司役□□(盆供)苽五十、此內黃瓜少々有之、一円助教殿(中原師秀)被取之、黃瓜三・白瓜二被志之、
(頭書)「傳聞、今夕自梶井宮、去五日押寄千本在家、百余間燒拂間、彼下手人自武家責申之間、侍法師一人被出武家云々、侍所請取之歟、六日武家進兩使、跲申云々、
今日祇園師進茅草、」

藤懸彈正越中國吉積庄內を押領す

越中國吉積庄內石塚・西吉江兩村藤懸彈正押領事、訴狀副具書、如斯、子細見狀候歟、急速停彼妨、全所務候之樣、可有御沙汰候哉、恐々謹言、

七月十一日　　大外記中原師茂

佐々木高氏

謹上　佐々木佐渡大夫判官入道殿

十二日、丁亥、天晴、申剋西方雷鳴、今朝下一房被歸寺、

今日故女房月忌也、備靈供、予唱光明眞言千反、訪菩提者也、

(頭書)「今日用途半連遣古祢許、」

改元定勘文未到延引

今朝家君以狀被示遣頭弁嗣房朝臣許云、明日改元定必定候哉、上卿以下治定候者、可承存候、勘文未到候、付進候哉、不審存候云々、勘付云、改元定延引候了、進御教書候、上卿以下未治定候、勘文未到以外候、猶可有御催促云々、

記錄所庭中式日の沙汰

今日召使行包持□(來)記錄所迴文、來十六日庭中式日之上、可有沙汰事云々、家君半領狀、予故障之由、載散狀了、行包語云、記錄所事、守式日、無懈怠可申沙汰之由、勾當弁(小槻兼治)仰開闔了、仍出迴文、彼請文令持之間、写留之了、此次予迴覽□□□□今西庄事、春日田・出雲路地事、加一見返遣之了、

今西庄春日田出雲路地

足利義詮二条良基を招待す

今夜於鎌倉前大納言上山庄、菊亭殿北也、招引申二条關白殿下（良基）云〻、御共公（マヽ）卿冷泉中納言爲秀卿・侍從宰相行忠卿・大藏卿長綱（東坊城）、殿上人月輪中將家尹朝臣・鷹司中將忠頼朝臣・法性寺中將親忠朝臣・菅少納言秀長（東坊城）朝臣・前宮內少輔伊能朝臣、侍隱岐前司廣忠等云〻、大樹折烏帽子・直垂云〻、爲秀・行忠等卿直垂云〻、引出殿下御分、織小袖五重・練貫五重・白小袖五重・チウシヤク花立・香爐・同蠟燭臺置ショクニ置之・銀劒一振云〻、公卿三人各綾貫一重・銀劒一振云〻、殿上人五人各練貫一重・黑大刀一振、侍小袖一重等云〻、以行忠卿進上殿下、公卿已下近習之輩引之云〻、

（裏書）「十二日

改元定延引

改元定延引、可被存知之狀如件、

七月十二日　右大弁嗣房朝臣 判

四位大外記殿

四位大外記（師茂）故障構得者、可參仕候、　治部卿（菅原時親）

大學頭（菅原在胤）　中大外記（中原師連）

主税頭（師守）故障候、　掃部頭（中原師香）

（中原章世）博士大夫判官　（清原宗季）大博士 故障構得者、可□□□
（坂上明宗）大判事　（小槻兼治）大夫史
（小槻光夏）新大夫史
右來十六日庭中式日之上、可有沙汰事、各如法、辰一點、可參記錄所之狀、所迴如件、
貞治六年七月十二日

記錄所沙汰事、守式日、無懈怠可令申沙汰之由、謹奉候了、早可存知仕候、仍言上如件、
七月十二日　大史小槻兼治 狀
退言上
記錄所立蔀一間紛失之上、切懸未致沙汰候之間、炎天之時分、面々參着□□〔難治〕□□〔候歟〕來十六日已前、忩致其沙汰之樣、可有申御沙汰候哉、謹言、」

左近太郎を北山政所に遣す

十三日、戊子、天晴、今朝左近太郎被遣北山政所、一昨日被付施行、今日可給取令申之故也、付使進了、

禁裏最勝講に關白不參の例

今安保より盆供米等到來す

行水

田原御稲より盆供米到來す

藥王寺施餓鬼

改元定再び延引す

斯波高經越前國杣山城に死去す

斯波氏經遁世す

今日自左大臣殿（鷹司冬通）、以藏人左少弁仲光（廣橋）奉書、被尋問家君云、禁裏寂勝講關白不參例、御不審事候、可被注進之由、被仰下云々、載請文被申了、

今日自今安保盆供米幷懸廡・焚食用途等百疋到來云々、

（頭書）「今夕□（子）行水、明日可參墳墓粁也、

今日自田原御稲盆供米二斗・枝大豆・枝大角豆・根芋等到來、遲參間、不賜返抄云々、

今夕藥王寺施餓鬼札三枚入之、粁足遣之、

今日改元定延引了、

○以下の頭書は、裏書の上部に記されてゐる、

後聞、今曉寅剋入道修理大夫源（斯波）高經法名道朝、從四下 他界、年六十三、痢病所勞、於越前國杣山城他界云々、子息治部大輔義將・次男民部少輔氏種（マヽ）服解、嫡子左京大夫夫（マヽ）入道俗名氏經遁世、居住嵯峨邊云々、彼子息將監（詮將）於京都引付□頭人 相伴祖（高經）父（賴）、在越前城云々、」

禁裏寂勝講關白不參例、御不審候、可被注進之由、被仰下候也、恐々謹言、

七月十三日　　仲光

四位大外記殿

禁裏最勝講に關白不參の例

禁裏㝡勝講關白殿下無御參（例、引）□□勘候之處、康平二年五月九日㝡勝講始也、十一日今夜關白左大臣殿（藤原頼通）參籠法性寺給、依御病氣不快也、近則元亨四年十二月十五日自今日內裏㝡勝講始也、十九日同講結願、件度關白殿下（九條房實）後一音院殿十二月七日御上表、同廿七日後昭念院殿（鷹司冬平）御還補、仍㝡勝講時分御上表候歟、所見只今如此候、付御使、忩注進仕候之間、定相漏事候歟、恐存候、可令得其御意給候哉、恐惶謹言、

七月十三日　師茂 狀

吉祥院修造料山城國御稲段米の奉書

（裏書）「十三日

吉祥院修造山城國御稲田段別事、嗣房朝臣奉書副具書如此、子細見狀候歟、仍執達如件、

七月十三日　右大臣 判（實俊公）

鎌倉前大納言殿（足利義詮）」

墓參

十四日、己丑、天晴、未明家君葛袴、長捐（マヽ）垂頸有同車予白直垂・助教師秀直垂・縫殿權助師有（中原）同等、參靈山墳墓給、青侍宗左衞門入道頼惠・彈正左衞門尉國弘・□□□（源左衞）門尉國隆等被召具之、

小俵一、但豊嶋北条仕女未進之間、不被持之、只新米一裹・苽以下花等被持之、依無人夫、被持下女若萊（マヽ）、先於先考（師右）・先妣（師守母）御墓前各一時頼恵調聲小日中、次於
先妣御墓有阿弥陁經・念佛、故女房骨□（籠）置彼□□（御墓）故也、次於觀心聖靈墓有一時、次於祖
父（師古）御墓阿弥陁經一卷・念佛等有之、奉爲烈祖聖靈等也、先々无之、自去年有之、尤可然、次於壇上覺法聖靈
分一時有之、又觀照聖靈分阿弥陁經・念佛有之、又覺妙聖靈予姉・觀恵聖靈等分阿弥陁經
各一卷・念佛等有之、所作以前、於二親御墓家□（君）・予向水、其外祖父并肥州殿（師顯）聖靈等奉
向水、其後助教・縫殿權助等同向之、又於壇上予覺妙聖靈向水了、墓守法師賜酒直廿文
了、米以下所殘同賜之、其後歸宅給、

和布

今日自大方和布五丸賜之、又小俵一同賜之、又赤土器大小七十賜之、
今夜靈山万燒（マヽ）被略之、依不具也、近年如然、
今日和布五丸賜國弘、明日御靈供六前、任例致沙汰之間、賜之了、

茅草

今日茅草自大方賜之、於予方致沙汰、面々懸之、
入夜、予向水於二親并志聖靈等、次大炊權助師豊・赤子等向水、古祢ハ於助教殿方向之、

改元定重日施行の例

今夕頭右大弁嗣房尋申云、改元定重日被行例、御不審候、可被注進之由、其沙汰候也云々、
明日可注進之由、被答了、

田井保より鰺等到來す

（頭書）「今夕自田井保鰺并月萊（マヽ）少々・來納用途百疋等到來、

北山科御稲より盆供到來す

今朝自北山科御稲盆ツト八到來、去年九進之處、一未進、以外也、三籠賦進大方、其外不賦之、

今日師豊・赤子等精進、

豐嶋北條仕女小俵を進む

今日自豊嶋北条仕女小俵十沙汰進之、嶋下分未到、以外也、

今安保に返抄を遣す

今朝今安保返抄賜之、

今日用途十文賜師豊、五文賜次郎、節析歟、」

盆供養

十五日、庚寅、天晴、早旦靈供三前備之、二親并古□□〔阿弥〕陁佛分也、衝也、其外覺妙聖靈并全心聖靈等、以古衝備之、太郎・弥阿弥陁佛〔師守乳母〕・俊慶律師・了源房等分居、

蓮葉飯

蓮葉如形備之、立箸、三前ハ七合、萊〔マヽ〕七種、其外五合・萊〔マヽ〕五種、太郎分三合也、又大炊權助師豊別母儀分一前備之、古祢同別備靈供云々、兩人分予不相綺、又蓮葉飯分師豊・赤子・次郎・阿古予孫・侍從生子等、各五分宛也、

今朝於大方、二親以下靈供被備之、如例、源左衞門尉國隆奉行之、

冨田御稲より小俵到來す

今日於目代國弘宿所、御靈供六前備之、先例十二前也、先々冨田御稲小俵河内郡松武分到來之時、以彼析足備之、而近年未到之間、故友阿・國尚〔清原〕等以別忠半分備之了、仍以彼例備之者也、萊〔マヽ〕物一種析和布五丸、昨日被下之了、

茅輪

今日茅輪如例付之、如近年、自昨日付之、

鰺を賦る

今日自大方鰺三差賦賜之、又一差賜師豊、又一□□〔差賜〕次郎、今□□〔年初度〕也、一差賜侍従息女云々、去夕到來之間、今日被賦之、

施餓鬼
藥王寺に詣づ

今夕秉燭以前、向水如例、大炊權助師豊并赤子等不向之、古祢同不向之云々、入夜爲聽聞・施餓鬼、參藥王寺、同道助教(中原師秀)・縫殿權助(中原師有)・大炊權助・音博士(中原師興)・虎若(師興息)等、於藥王寺鐘樓聊唱光明眞言了、是故女房并弥阿弥陀佛骨置之故也、其後歸宅、助教殿以下、爲燈籠見物被遊行云々、

(頭書)「今日師豊・古祢・赤子魚食、次郎ハ昨日・今日共魚食、

蓮葉飯

今日大方蓮葉飯有之、幸甚〳〵、予人數悉賜之了、

近衛道嗣補歴を返す

今日改元定重日例被注進了、被付頭弁嗣房(萬里小路)朝臣、此次近衛殿(道嗣)御補歴被返進之、

今日召次行包來云、明日記錄所庭中延引了、上卿故障之故也云々、」

改元定重日施行不審

(裏書)「十五日

改元定重日被行例、御不審候、可被注進之由、其沙汰候也、謹言、

七月十四日　嗣房

改元定重日被行例、注進別紙候、内〻□□〔可　令カ〕得其御意給候乎、恐惶謹言、

七月十五日　　　　師茂 状

改元定重日に行ふ例

改元定重日被行例

慶雲五年正月十一日乙亥、改元、爲和銅、

神龜六年八月五日癸亥、改元、爲天平、

天平寶字九年正月七日己亥、改元、爲天□〔平〕神護、

延暦廿五年五月十八日辛巳、改元、爲大同、

仁壽四年十一月卅日辛亥、改元、爲齊衡、

貞觀十九年四月十六日丁亥、改元、爲元慶、

康保五年八月十三日癸亥〔マヽ〕、改元、爲安和、

永仁七年四月廿五日乙亥、改元、爲正安、」

田井保に返抄を遣す

最勝講始行の例

十六日、辛卯、天晴、申剋南東雷鳴、酉剋雨下、則止、今朝田井保返抄賜之、

今朝藏人右中弁宣方〔中御門〕觸申家君云、自來月八日、可被始行冣勝講、任例可被致沙汰云〻、可加下知之旨、被出請文了、

六角堂如法經十種供養に奏樂なし
記錄所庭中を延期す
綾小路町地の越訴
釋奠の先例
最勝講始行の下知
斯波高經死去す

今日六角堂如法經十種供養云々、無伶人無樂、是梶井宮依先日千本放火事、武家說申之故歟、

今日記錄所庭中延引、上卿故障之故也、昨日召次行包告來了、

今日生西來、予對面、綾小路町地事越訴事令申之、近比可有之由、有其聞、有沙汰、不可存等閑之由、答之了、

今□□□□□（日文殿助豐）兼大學寮史生持來釋奠御教書、奉行藏人右少弁□（宗）顯（葉室）、不及請文、可存知之□（由）、被答之、先例者、引勘、自是可申云々、不及御教書、可存知之旨、以詞被下知文殿助豐（和氣）、本道事、可申沙汰之旨、被仰大博士宗季（清原）云々、

（頭書）「今日冣勝講事、被下知文殿、此次來月六位分配被遣之、
傳聞、去十一日（十三日）寅剋、入道修理大夫高經（法名道朝）於越前杣山城他界云々、痢病所勞、年六十三歟云々、【或十二三日之間云々】」

（裏書）「十六日
自來月八日、可被始行冣勝講、任例可被致沙汰之狀、如件、
七月十三日　右中弁判
四位大外記殿

自來月□（八）日、可被始行冣勝講、任例可致沙汰之由、可加下知候、仍言上如件、

七月十六日　　大外記中原師茂狀

釋奠、任例可被催下知之狀、如件、

七月十六日　　右少弁判

四位大外記殿

追申

八幡神輿遷坐之時、宴穩座停否事、先例可被注進之由、同被仰下候也、」

石清水社神輿の遷坐に宴穩座の停否

十七日、壬辰、天晴、中斜南方雷鳴、

今日官務（小槻）兼治以使右大史家連（三善）、遣彈正左衞門尉國弘宿所、是家君息女內一人、可同宿之趣也、兼治未無妻室云々、以便宜傳申、可申返事旨、答之云々、

虹立つ

十八日、癸巳、天晴、中斜南東方雷鳴、辰巳方□（見）虹、

精進

今日予精進、所作如例、遙拜六角堂、

出羽直重下向の報

今日廣田惣領左京亮直重（出羽）進使云、明日可下向、可參申之處、計會之間、以使者令申云々、

和田繁實海松を進む
中原家文庫の修理
鴻臚館
乳母の月忌
改元定の期日
空照房來訪
鴻臚館名田
石清水社神輿歸座す
藥王寺住持職越訴

仍被遣源左衛門尉國隆、被招引處、旁取乱之間、不可參之由令申、重以狀雖被招引、猶固辭之間、五明十本被送之了、

今日和田平三繁實□海松一鉢進家君、一折敷賜之間、則遣助房宿了、件助房青女旲腹兄也、是日大判事明宗(坂上)預置家君文庫文書櫃(マヽ)・皮子、悉取之、以雑車運之、令虫拂、重可進云々、此次鴻臚館事、侍所打渡海老名支干之間、重被尋所存、嚴法寂初祈念之外、無他事由、申之、

(頭書)「今日予乳母弥阿弥陀佛月忌也、唱光明眞言百反、訪之、依不具、不及靈供沙汰、」

十九日、甲午、天晴、辰巳方雷鳴、

今日頭右大弁嗣房朝臣觸申家君云、改元定可爲來廿七日、可被存知云々、不及請文、可加下知之旨、以詞被答、但被書置請文案、則被下知文殿助豐了、

今日青女旲腹兄助房覺成來、明日可下向伊賀新居云々、予始對面、羞酒、青女不及對面、

今日法皇寺長老空照上人來臨、家君以下面々對面、被羞茶、弟子小僧了明房同道之、鴻臚館名田事、爲見(申)大判事明宗許、被所望家君一行之間、被書与了、明旦持向云々、長老被語云、八幡神人嗷訴事、武家成敗落居之間、神輿可有御歸坐云々、神妙〱、

今日妙法寺長老妙専上人來臨、予乍立對面、是藥王寺住持職事越訴申狀、先日被執下當(節)

二條良基斡旋す

住(心)、近日可進陳狀云〻、然者可有沙汰之由、奉行前刑部權大輔資尙(高階)朝臣返答、無相違之樣、可被申殿下(二條良基)之趣也、家君無對面、先日參殿下之處、此事不可有子細歟、猶可有御口入之旨、被仰候き、沙汰之時分、重奉可申旨、被答了、

「(頭書)今夜助教殿女房産所宿始也、善覺宿所也、

今夜侍從宿始産所云〻、大(源)國隆油小路宿所云〻、

今日兼治吉服已後始出仕、注裏、

全仁親王薨去
幕府遏密五ヶ日

今日入道中務卿三品全仁親王御事、御年、、、數月御勞、去月十五日御出家、故式部卿恆明親王御子、龜山院御孫也、依此御事、武家五ヶ日止物沙汰云〻、」

「(裏書)十九日

改元定の期日

改元定可爲來廿七日、可被存知之狀、如件、

七月十六日　　右大弁嗣房朝臣判

四位大外記殿

不被出之、
改元定可爲來廿七日之由、可存知候、仍言上如件、

七月十九日　　大外記中原師茂狀

改元定可爲來廿七日、可令存知、兼又勘文忩可被進之由、各可被觸申之由、被仰下候也、仍執達如件、

七月十九日　國弘□〔上カ〕

外記文殿」

小槻兼治吉服出仕す

『〔裏頭書〕後聞、今日大夫史兼治着吉服始出仕、古袍、古車、雜色二人召具之、先參殿下、次參記錄所、左中弁長宗〔葉室〕遂初參云々、不及吉書、開闔書見參折紙、以召次行包、內々付女房進入之、着到如例云々、雜仕・召次行包・有末等參入、記錄所儀了、大夫史着床子座、次向万里小路大納言仲房卿許、次向藤中納言時光〔日野〕〔マヽ〕許、次向按察實繼〔三條〕卿第、次參向勸修寺一品〔經顯〕宿所云々、』

廿日、乙未、天晴、未剋小雨灑、則止、申剋又小雨下、不及地濕、則止、

空照房來訪
鴻臚舘名田落居せず

今朝法皇寺長老來臨、昨日家君狀被持向大判事明宗許之處、對面、委細聞之、鴻臚舘事未落居、大略不可有子細歟、其時可奉云々、今日長老可有歸寺、廿三日可出京云々、

祈雨奉幣使發遣

今日藏人右中弁宣方觸申家君曰、明日可被發遣祈雨奉幣使、任例可被致沙汰云々、則被出請文了、又被下知文殿助豐、

石清水社神人の嗷訴裁許に依て神輿歸座す

今日八幡神輿一基、自宿院還御本殿云々、神人等嗷訴被裁許之故云々、神妙〱、

全仁親王薨去に依て山城國社寺本所の沙汰なし

「(頭書)今日山城國寺社本所沙汰无之、依常盤井宮(全仁親王)御事、自昨日止物沙汰之故也、奉行人等雖參入、無沙汰云々、」

(裏書)「廿日

明日可被發遣祈雨奉幣使、任例可被致沙汰之狀、如件、

七月廿日　右中弁 判

四位大外記殿

明日廿一日可被發遣祈雨奉幣使、任例可致沙汰之由、可加下知候、仍言上如件、

七月廿日　大外記中原師茂 狀

明日廿一日可被發遣祈雨奉幣使、任例可令致沙汰、忩相觸分配四﨟外史(清原良種)、可被申散狀之狀、依仰執達如件、

七月廿日　國□(弘)□(上カ)

外記文殿」

虹立つ

廿一日、丙申、天晴、午斜小雨下、則止、其後時ゞ(細)雨雨灑、酉虹立、

姉覺妙の三十一回忌

今日覺妙聖靈予姉遠忌也、三十一年、如刑(マヽ)備靈供、予唱光明眞言百反、訪菩提者也、依不能作善、頗無念、家君同被備靈供許也、

日野氏種年號勘文を進む

今日文章博士氏種(日野)朝臣付進年号字勘文・副狀之間、被返事了、件勘文无裏紙、加礼紙、封テ上ニ氏種兩字書之、以美紙二枚立文、上下押折之、以小高檀紙書之、

今日藏人右中弁宣方進狀云、今夜祈雨奉幣六位外記、無違乱之樣、可被致沙汰候、相尋康隆(中原)之處、非分配之由、令申候、六位史不參之間、可御事闕云々、被答云、今夕祈雨奉幣六位外記事、良種分配候之間、相觸候之處、未申散狀候、就散狀可申入候、別可被仰宗季候歟之趣也、則被下知文殿助豊之處、四臈外記領狀之間、不申入散狀之旨、進請文了、

南山科御稻草代を催促す

「(頭書)今朝源次郎遣南山科御稻沙汰人并供御人法道後家許、草代未進爲催促也、而近日難義(マヽ)時分也、來月一日・二日之比可致沙汰云々、

今日建仁寺雲侍者音信、久不音信間、不審云々、

唐人來朝

今日唐人八人付嵯峨、是爲菩《イ》薩去年渡唐、渡日本唐人也云々、形木開之輩也、爲其渡之云々、僧以下同道、騎馬廿騎許有之、八人之外僧云々、」

年號勘文を進む

年号勘文付進候、每事期參會之次候也、恐々謹言、

七月廿一日　　氏種

表書
大外記殿

年号字御勘文賜預候了、可申入候、恐ゝ謹言、

七月廿一日　　師茂

日野氏種の年號勘文

勘申年號事

大觀

周易曰、大觀在上、注曰、下賤、上貴也、

建正

史記曰、古歷（マヽ）建正作於孟春、

貞久

周易曰、恆亨无咎、利貞久於其道也、天地之道恆久而不已也、

右、依　宣旨、勘申如件、

文章博士藤原朝臣氏種

丹生貴布禰両社に祈雨奉幣使を發遣す

今夜被發遣祈雨二社奉幣使、上卿權中納言藤原實綱卿（正親町）・奉行職事藏人右中弁藤原宣方（中御門）・權少外記淸原良種分配、書博士等參陣、內記幷六位史不參之間、良種勲代云々、丑剋被始行之、其儀如例、神祇伯業定王重服之間、差文・請奏等可加署、

祈雨奉幣使發遣日時

（裏書）「廿一日

陰陽寮

擇申、可被奉遣祈雨御幣使於丹生川上幷貴布祢社日時、

今月廿一日丙申　時酉二點

貞治六年七月廿一日　頭兼權陰陽博士丹波介賀茂朝臣在音

祈雨の宣命案

「宣命案

天皇我詔旨止掛畏支某乃大神乃廣前尓恐美恐美毛申給者久止申久、去夏与利弥旬万弖驕陽挾暑弖早雲閣雨須回茲弖田畝徐枯礼都鄙共憂止聞食驚弖故是以吉日良辰乎擇定弖官位姓名乎差使弖礼代乃大幣尓黑毛御馬一疋乎牽副弖奉出給布大神此狀乎平久安久聞食弖速施嘉澤志弖普霑率土志秋成乃期万弖尓天災乃難奈久風雨克調利稼穡豐熟弖天皇朝廷乎寶位無動久常磐堅磐尓夜守日守尓護幸給倍止恐美恐美毛申給者久止申

貞治六年七月　日

神祇官差文案

〔差文案〕
神祇官
差進　祈雨奉幣丹生・貴布祢兩社使事
丹生河上社使
從五位下卜部宿祢兼隆
貴布祢社使
正六位上直宿祢友廣
右、依官　宣、所差進如件、
貞治六年七月廿一日　從五位上行權少副齋部宿祢親守
從四位上行伯

神祇官奏請案

〔請奏案〕
神祇官
勘申　祈雨奉幣丹生・貴布祢兩社幣帛事
丹生河上社　一前
貴布祢社　一前

五色絹各壹疋　生絹壹疋　糸貳勾　綿貳屯　木綿貳斤　麻貳斤　調布肆段　薦貳枚　杪貳支　黑馬貳疋　衞士貳人

右、依官　宣、所勘申如件、

貞治六年七月廿一日　　從五位上行權少副齋部宿祢親守

從四位上行伯

廿二日、丁酉、天晴、午剋細雨下、則止、

補歷を進む

今日四条中將顯保朝臣送狀云、遙久不申奉、毎事積欝候、便宜之時者、相構可有來臨候、抑補歷進之候、直給候哉、殘暑寂中、無心事候哉、諸事不□□〔日來〕□可申奉之由存候、定御同心候歟云〻、答曰、恐欝之間、委細之嚴旨拜見仕候畢、差事不候之間、乍存不啓案候、雖無何事出仕事候、不違往日蒙仰、又可申入由存候、御同心之樣、猶〻畏悅候、以御閑日、可參申奉候、抑御補任歷名賜預候了、忩可直進上之趣也、此返事雖書置、參伏見殿之由、令申、未取也、

西九條御稻より吉祥院修造段米免除を申入る

今朝西九條御稻沙汰人小枝三郎政茂代官并古老供御人五人參入、沙汰人進狀、是吉祥院修造段別事、一昨日以書下政所下部、相觸御稻候、可爲何樣候哉云〻、以善覺・國弘等被問答之、此事、去六月十一日政所下部兩人參申き、而於御稻田者、爲嚴重料所之間、難

女御田下地の押領

勲仕之趣被答了、其後以公驗就被經奏聞、於御稻田者可止其責之由、被成　綸旨於武家之間、西園寺被施行了、重相觸者、以此之趣可令問答、猶及濫責者、可馳申之旨、被下知供御人等、綸旨以下正文被見之了、此次女御田押領下地事、被問答、沙汰人代官云、近日山城國寺社本所領事、嚴密有其沙汰之間、女御田押領事、可有沙汰、但件下地、故道忍以御稻田下地、申掠之子細有之間、無左右無御訴詔(マヽ)、以御稻下地女御田押領事、掠申者、自今年可致御米沙汰、掠申之儀令□□□(露顯者)沙汰人可爲生涯之間、如此被仰談之趣也、又去年御米未進事、急速可被催促進之由、同被仰之、此之趣可申正員、定可參申歟、女御田押領之段、無子細之趣、且令申之、

山本庄

今日召次有末持來記錄所迴文、來廿六日庭中式日之上、可有沙汰事云々、家君半領狀、予故障之由、載散狀了、山本庄事、出迴文之間、兩進奉了、

祈雨奉幣使發遣の儀

(頭書)「今日家君狀、昨日祈雨奉幣上卿以下幷宣□(命)差文・請奏日時等、被尋大博士宗季、良種參陣故也、則注進之日時・差文等進正文、其外宣命・請奏等写進了、」

記錄所廻文

(裏書)「廿二日

(師茂)四位大外記 故障構得者、可參仕候、　(菅原時親)治部卿

(菅原在胤)大學頭　(中原師連)中大外記 故障候、

主税頭（師守）故障候、　掃部頭（中原師香）
博士大夫判官（中原章世）　大博士（清原宗季）
大判事（坂上明宗）故障構得者、可參仕候、　大夫史（小槻兼治）
新大夫史（小槻光夏）

右、來廿六日庭中式日之上、可有沙汰事、各如法、辰一點、可被參記錄所之狀、
所廻如件、

貞治六年七月廿二日」

亡母月忌

廿三日、戊戌、天晴、未剋降雨、則止、今日先妣（師守母）月忌也、備靈供、唱光明眞言千反、祈御菩提者也、

今朝下一房・爲佛房被參大方、一時之後、歸寺、

補歷直改の爲に西洞院行時に返却す

今日補歷直改返遣平三位（西洞院）行時卿許、本意之由、有返事、

今日横心房故國兼（清原）妹乘心房娘也隨身一甁・素麵等、家君對面給、件尼公當時家君御妾物媒介仁也、

菅原時親年號勘文を進む

今日治部卿時親朝臣付進年号字勘文、文殿助豊持參、无裏紙、加礼帋、封テ、封上ニ時親兩字書之、以美紙一枚立文テ、上下押折之、不及副狀也、以小高檀帋書之、

中原師秀借米を返す

「（頭書）今日自助教殿（中原師秀）方、去年借用米內又壹斗被返之、去年借用九斗內也、至今日被返分五

斗被返了、
今夕助教殿方始召仕女房達、故大貳房後家口入、」

菅原時親の年號勘文

勘申
年號事
應安
毛詩正義曰、今四方既已平服、王國之内幸應安定、
養元
後漢書曰、愛養元〻、綏以中和、
久德
後漢書曰、大漢厚下、安人、長久之德、
萬應
莊子曰、以道汎觀、而萬物之應備、注云、無爲也、則天下各以其無爲應之、
右、依　宣旨、勘申如件、
貞治六年七月　日　　治部卿正四位下菅原朝臣時親

改元勘文を進む

廿四日、己亥、天晴、今朝家君以狀被示遣大博士宗季云、改元勘文可進上卿候、可有御持參之由、可被傳申四﨟外史(清原良種)、隨御返事可進勘文、當日參陣、同可有御存知云〻之趣也、返事曰、改元勘文持參上卿事、不可有子細候之處、祈雨奉幣參陣已後、腹病再發之間、難叶之由、令申候、早可被仰他人、改元當日參陣、如今者不定存候、可得御意云〻、又以折紙狀被示遣康隆云、改元勘文可被上(マヽ)卿候、隨左右可進勘文、當日同可被參陣之趣也、申返事云、改元勘文上卿持參事、尤可存知候之處、不具非一事候、如何可仕候哉、先日勘者口宣覽之時、不御事闕之樣、可相計之由、被仰下候之間、着直垂覽之了、是ハ大臣上卿御坐候者、如直垂不可叶候歟、不可有苦候者、可存知候哉、當日參事重事候之間、可構參之由、存候之處、如今者難參陣存候、如何可仕候哉、可然之樣、可得御意云〻、

改元定の期日

今日家君以狀被示遣頭右大弁嗣房朝臣云、改元定來廿七日必定候哉、上卿以下治定候者、注賜候、儒卿勘文已付進候哉、片時申請候哉、時親・氏種(日野)等朝臣□□□□(勘文到來)之間、爲進上卿、与奪康隆・良種等之處、各申子細候、可爲何樣候哉、爲上嚴密可被仰下候歟、當日參陣事、同申子細候、嚴密可被仰候哉、參內之間、不及返事、退出遲〻之間、使者歸了、

藤原有能官歷不審

今日大藏卿長綱(東坊城)卿進狀於家君云、參會中絕可期何日候哉、改元定可爲廿七日之由、其沙汰候歟、勘文沙汰入候、翰林勘進定被写留候者、一見大切候、兼又有能(藤原)卿建武二年八月

五日逝去、上階以前經歷官途不審候、公卿補任定被注候歟、付迴被注付候哉、是ハ經朝舍弟候やらん、指存知大切候云〻、被答云、恐欝之間、仰旨喜拝見候了、以御障日可參申入候、改元定可爲廿七日之由、被仰下候、御勘文事、忩可被進候也、治部卿(菅原時親)幷文章博士(日野氏種)勘進年号字写進候、兼又有能卿經歷官途〔位〕事、注進別帋候、彼朝臣經尹卿息候歟云〻、

葛野御稻より草代を納む
頃日甚暑夕立あり

(頭書)「今日左近太郎(友永)遣葛野御稻、爲草代催促、二連催促進之、」

廿五日、庚子、天晴、午剋雷鳴、夕立及未剋休、近日炎旱過法、聊降雨、民庶悦歟、

改元定延引す

今日頭弁嗣房朝臣昨日返事被遣取之、此次先日四条中將顯保朝臣送補歷返事、雖書置、使者不來、取遣之了、頭弁申返事、改元定廿七日又延引了、可爲來月候、當局六位事、可問答康隆・良種等候也云〻、

空照房來訪鴻臚館名田の處置を告ぐ

今日法皇寺長老(空照房)來臨、予依故障不對面、鴻臚館事、大判事(坂上明宗)管領無相違、名田事不可有子細、職事猶有可申子細、一行可給之旨、所望之間、被書進了、

田井保公文職を市河入道押領す

今日自田井保飛脚到來、是自守護方公文職可管領由、令申、市河入道入部之由、馳申、而如來納雖度〻被仰未進之間、飛脚則被返下了、不進來納者、不可有是非之御沙汰之由、被仰之了、

全仁親王薨去に依る遏密を解く

山城國吉祥院修造段米免除の綸旨出づ

「(頭書)今日御前沙汰被行之、自十九日、依常磐井宮御事、被止物沙汰、今日始有沙汰云〻、
山城國吉祥院修造段別事、被下綸旨之由、令申、奉行依田左近大夫(時朝)之處、方〻被成
綸旨、被經奏聞、隨彼左右可有沙汰由、返答云〻、」

悦承候了、

抑改元定廿七日又延引候了、可爲來月候、當局六位事、可問答康隆・良種等候也、謹
言、

七月廿五日　　　　嗣房

豐嶋北條御稻仕女役

今日內膳御炊參入、是豐嶋北条御稻仕女役申子細之間、可御事闕之由、令申之間、書賜
寮家狀、忩可付遣仕女之由、被下知之間、御炊持向之處、不取入狀、結句及惡□□□(口之由內)
□□□□(膳御炊歸來)令申之間、於供御者、可致無沙汰之由、以折帋狀目代名字、被語仰御炊了、件狀
奧穴賢、宛所內膳御炊云〻、

廿六日、辛丑、陰晴、今曉寅剋雨下、則止、巳剋許雨下、則止、申剋以後連〻降雨、入夜
又雨下、則止、

今朝大判事明宗進狀於家君云、今日記錄所沙汰可爲何樣候哉、万(萬里小路仲房)亞相不可有參着之由、

鴻臚館名田の事落居す

一條實材山本庄に沙汰す

田井保公文職の押領を若狹國守護一色範光に訴ふ

師茂栗原保の事を四條顯保に訴ふ

奉及候、又鴻臚舘事、此間□(菟カ)角延引、一両日落居候、始終事、雖難知候、先悦入候、何樣可參申承候云々、被答云、今日記錄所沙汰万亞(マヽ)無參着、不定候歟、鴻臚舘事落居目出候、期□□(參會)趣也、

今朝召次有末來告云、今日記錄所沙汰延引云々、万里小路大納言不可參着、弁官各故障之故□□□(也、云々)可存知之旨、答了、

今朝一条大納言實材卿雜掌、山本庄事今日可有沙汰、可擇文書云々、只今罷出候、但今日記錄所沙汰不定之由、承及候、延引候者、後日重可被來之由、家君被答了、

今朝善覺被遣若狹國守護一色修理權大夫範光許、先奉行被遣小江房許之處、可出仕、於一色宿所可承之旨、令申之間、向彼宿所、用意目安持向、田井保公文職事、市河入道令入部、致違乱事也、小江房出逢令申之處、則被成下知了、田井□□□□(保公文職)□□(闕所カ)之由、□(雖)令注進、內裏供御析所也、以別儀不可相綺之趣、載之、則和田以飛脚、彼下知狀下遣了、

午斜、家君着朝衣青朽葉、女老(マヽ)花扇、先令向四条中將顯保朝臣宿所給、中將對面、着布衣云々、栗原保事爲申談、欲參三寶院僧正坊之處、未申習之間、賜御一行、可持參之趣被示之、此間足有雜埶事、不及出現之間、對面申事不定、然而先書進狀了、彼中將与三寶院同腹兄弟也、殊細々寄合仁也、家君以狀、令向三寶院坊給之處、有雜埶事之間、不入見參、後日

吉祥院修造段米免除を訴ふ
延文三年天龍寺造營始の勅使交名不審

可有來臨之由、被答之間、被歸了、次令向勸修寺一品第給、以前民部權少輔定茂(勸修寺)朝臣、申奉吉祥院修造段別事、武家可被止綸旨之由、奏聞之間、於御稻田者、嚴□(重)析足之上者、可除之由、被仰勅答之樣、可得御意之趣□(被)示之、一品被不審云、延文三年天□(龍)寺造營事、始勅使交名不審事候、若所見候者、可注賜云々、引勘可言上之趣、被答之、次令向万里小路大納言宿所給、出逢頭弁出逢、段別事被示之處、去廿二日武家奏聞之間、未被仰　勅答・条々奏聞一ヶ条載之云々、次令向前藤中納言(日野時光)宿所給、被訪所勞事、次參殿下(二條良基)給、以月輪中將家尹(藤原)朝臣被申入之、段別事被申之、　勅問之時、可被申所存、書目安可進之由、被仰之、其後、歸宅給、

空照房來訪鴻臚館名田の處置

今日法皇寺長老來臨、留守之間、被待申歸宅、鴻□□□(臚館名)田并所職、昨夕以家君狀今朝持向之、對面、委細申承、大略不可有子□□(細、)被悅申、此次助教殿(中原師秀)被申國弘(中原)之旨、被申之了、

記錄所庭中傳奏出仕せず延引す
天龍寺事始日を問ふ

(頭書)「今日記錄所庭中延引、傳奏無出仕之上、弁官不參之故也、
後聞、今日爲勸修寺一品經顯卿奉行、天龍寺事始日被尋問曆博士賀茂在弘、件日時、後□(日)尋在弘、□(注)裏、」

(裏書)「廿六日

風記　自傳奏勸修寺一品被尋之、
造天龍寺事始日
八月十日甲寅
七月廿六日　曆博士賀茂在弘」

頃日炎旱甚し

廿七日、壬寅、天陰、巳剋以後降雨、終日不絶、酉剋已後休、近日炎旱以外也、而降雨民庶悦也、

延文三年天龍寺造營始勅使の交名

今朝家君以狀、延文三年天龍寺造營事始　勅使交名、被注獻勸修寺一品（經顯卿）、一品以後未不被書札之間、昨日申次一品舍弟前民部權少輔定茂朝臣許、被遣狀了、而一品被進返報了、注裏、

今日頭右大弁嗣房朝臣尋申家君曰、改元以後、政始以前、被行佛事例、可被注進□由、被仰下云〻、付使被注進了、注裏、

幕府吉祥院修造山城國段米の綸旨停止を奏請す

今日吉祥院修造山城國段別事、去廿二日可被止　綸旨之由、武家奏聞之間、於御稲者、嚴重靳所之上、可除段別之趣、□被仰勅答樣、可有御執奏之旨、書事書、被進執柄（二條良基）之處、勅問之時可被申歟、又別可有御執奏兩樣之間、可被申之旨、有御返事之間、御執奏候者、可畏入之由、被申之、以機嫌可有御奏聞之旨、有御返事、被付月輪中將家尹朝臣了、

延文三年天龍寺造營始に參向の勅使名

（裏書）「廿七日
昨日申承候、恐悅候、
抑蒙仰候延文三年天龍寺造營事始　勅使事、注進別紙候、他事可參啓候、恐惶謹言、
七月廿七日　　師茂狀
北小路殿（前民部權少輔定茂朝臣）

延文三年天龍寺造營事始時參向　勅使事
延文三年二月廿一日、今日天龍寺事始、左少弁藤原（柳原）忠光朝臣爲　勅使向寺家、日時勘文被尋曆博士賀茂在弘、　勅使隨身被渡寺家云〻、佛殿跡儲一ヶ間幄、引幔着座云〻、

延文　勅使事賜候了、散不審候、恐惶謹言、
七月廿七日　　勸修寺一品經顯

改元政始《(マヽ)》以前被行佛事例、可被注進之由、被仰下候也、謹言、

七月廿七日 巳剋　　嗣房

四位大外記殿

改元以後政始以前被行佛事例、一通隨所見注進候、內々可有洩御　奏聞候哉、恐惶謹言、

七月廿七日 未剋　　師茂 狀

改元以後政始以前の佛事の例

改元以後政始以前被行佛事例

正治三年二月十三日、改元、爲建仁、

廿一日、爲辛酉、御祈被始、修孔雀經法、

廿三日、改元以後政始、

正安四年十一月廿一日、改元、爲乾元、

廿四日、禁裏㝡勝講始也、

廿六日、改元以後政始、

廿八日、寂勝講終、

延文六年三月廿九日、改元、爲康安、

六月廿八日、被始行　禁裏寂勝講、當御代初度、

七月二日、寂勝講結願也、

八月十九日、今日熾盛光法結願也、

九月七日、改元以後政始、

「不被注進、
安貞三年三月五日、改元、爲寛喜、

九日權中納言藤原盛兼卿參入、被定長講堂御八講僧名、今日御八講始也、

同日被定明日仁王會闕請、又被奏咒願畢、

十日改元以後政始、」

北山科御稲に草代を促す

廿八日、癸卯、天晴、今日源次郎遣北山科御稻沙汰人許、一兩日入草不入之間、爲相尋也、

雷鳴虹立つ

廿九日、甲辰、天晴、申剋雨降、則止、東方雷鳴、虹立、

石清水社放生會の沙汰

今日藏人右中弁宣方觸申家君云、石清水放生會、任例可被致沙汰云々、可加下知旨、被出請文了、

幕府使者を南朝に遣す

今朝攝津掃部頭能直、爲武家使節參南朝、若黨十余騎着行騰云々、

石清水社放生會の沙汰

石清水放生會、任例可被致沙汰之狀、如件、

七月廿八日　　　　右中弁 判

四位大外記殿

石清水放生會、任例可致沙汰之由、可加下知候、仍言上如件、

七月廿九日　　　　大外記中原師茂 狀

賑給及び公卿分配の定文不審

「（頭書）今日勘解由小路侍從宰相（世尊寺）行忠卿尋申云、賑給幷公卿分配定文不審、可注給哉云々、撰見可注進由、被答了、

仁勝寺造營始

傳聞、今日四条高倉仁勝寺事始云々、」

八月公事

「（裏書）八月公事

三日

釋奠　　一﨟皆參　　一﨟　康隆

學生見參　　四﨟　　二、　師興

定考　　二﨟　　三、　（三善）倫義 武家仁之上、不出仕之間（除）□□、

放生會　一﨟
四、良□〔種〕
駒牽　四﨟
成勝寺御八講　二﨟
廿六日國忌　二﨟
奉幣　四﨟
御卜　一﨟
政付内文請印　一﨟
除目　一﨟
日時定　四﨟
行幸　二﨟
官奏　二﨟
宣下　四﨟
着陣　二﨟
免者　四﨟」

〔第六十一巻〕

「(包紙)貞和（治）六年八月」　〇上記は後筆、

八月

一日、乙巳、天晴、仲秋之朔、万方之慶、所願一〻可成就月也、子孫繁昌、朝恩重疊、壽福増長延命、幸甚〻〻、

今日慿物如例、厚紙十帖分、只今無祕計之間、追可進入之由、令中家君了、外居一姫御進之、今日家君青侍等慿予如例、不及遣返也、尤無念也、源左衛門尉國隆鳥目一連慿之、同不遣返、大炊権助師豊(中原)餅一鉢慿之、又中紙二帖追可賜之由、載状了、不遣返、追可遣也、縫殿権助師有(中原)被慿予、扇一本・檀帋一帖也、返筆一管以鵝眼一連作之、・墨一廷也、又音博士師興(中原)慿予、扇一本・茶筅一也、返円座三枚・水飲一・茶一袋也、縫殿今年始被慿之、師豊慿助教殿(中原師秀)、扇一本・茶一褁、返鳥目一連、縫殿権助同慿之、円座一枚・打輪一、返雑帋二

帖・イケミ一足云〻、

釋奠寮役

今日釋奠寮役事、官方迴文到來、可加下知之旨、被載散狀、

今安保より用途の殘を納む

今日自今安保七月熒食用途殘壹貫文進之、此次旱損之□(由)、百姓等遣狀、熒食・和市被見夫丸、市和市本器四升古米定有之、則賜返事、旱損事不可有敍用之旨、有御返事、

北野社神輿迎

今日北野御輿迎如例云〻、

今日放生會事、被下知文殿助豐(和氣)、六位外記事、忩相觸分明可被申散狀之旨、同被下知了、

素麵

今夕助教殿被招引予、有素麵、幸甚〻〻、

北山科御稻供御人借米

(頭書)「今朝北山科供御人右馬次郎米七升二合借進之、賜返抄、猶可進云〻、

今朝鳥目一連□(青)女產所宿遣之、可賜涄之由、令申□(故)也、

小花粥

今日小花粥如例、大宮尼、此四・五日還補雜仕、」

放生會の沙汰

(裏書)「一日

放生會、會(マヽ)任例可令致沙汰、六位外記事、忩相觸分明可被申散狀之狀、依仰執達如件、

八月一日　□□(中原國弘)

外記文殿」

釋奠の延引
葛野御稲より草代を納む
南山科御稲より草代を納む
釋奠儒牒
放生會參向者
釋奠講書座主問者等

二日、丙午、天晴、今朝文殿助豊參入、明日釋奠延引云々、
今朝左近太郎（友永）遣葛野御稲、草代爲催促也、三連催促進之、
今朝源次郎遣南山科御稲沙汰人許、草代催促、二連弁、今一連收納之時、酒直立用之、
又法道後家草代殘一連五十一文弁之、殘百文者賜源次郎之間、皆納了、
今日下一房不來臨、
是日大學寮史生助豊兼文殿代官持□□□□□（來釋奠儒牒、有）裏紙、案ニハ端書案字、案无裏紙、三枚ヲ卷重テ、奥ヲ以紙捻結之、加礼紙、立文上下押折、助教師秀加署、被返了、正文ニハ名字二字、案ニ加判了、牒裏（マヽ）、此次助豊代官令申云、放生會參向相觸分配外記康隆（中原）之處、難治故障候之間、難參向之旨、令申云々、可申入之旨、被答了、
「（頭書）今日生西參入、越訴事尋申之、
今日自越□□田新左衛門尉上洛、付清水□（坂）□（堂、）□（斯波高經）是七条入道入滅之上者、子息等可有免許之析云々、」
「（裏書）二日
仲秋釋奠講書幷座主・問者等事
講書古文尙書

座主正五位下行主水正兼助教加賀權介清原眞人良賢
問者正五位下行主計權助兼助教參河權介中原朝臣師秀
　得業生正六位上清原眞人尚顯
得業生正六位上清原眞人忠隆
問者生正六位上平朝臣久清
問者生正六位上大江朝臣有往
問者生正六位上中原朝臣秀宗
牒、件講書幷座主・問者等、依例牒送如件、以牒、
　貞治六年七月　日
　　正五位下行主水正兼助教加賀權介清原眞人良賢
　　正五位下行主計權助兼助教參河權介中原朝臣師秀
　　「宗季」正五位上行主計頭兼博士清原眞人」

師茂三寶院光濟と栗原保の事を談ず

宿醉

三日、丁未、天晴、申剋以後天陰、雨降、終日不絕、入夜休、
今朝辰剋家君着衣冠、令向三寶院僧正光濟坊給、爲被談合栗原保事也、而去夜有大酒事、
平臥、後日可有御渡之由、申次者令申之間、被遣返了、次令向四条中將顯保朝臣宿所給、

師茂四條顯保及び萬里小路嗣房を訪ふ
南禪寺長老入院の勅使
東九條御稲の供米を抑留す
最勝講八日目を延引す

着布衣對面、申之、次令向頭右大弁嗣房(萬里小路)朝臣許給、只今可向南禪寺云〻、長老(定山祖禪)入院之間、爲　勅使向之云〻、次令向藏人右中弁宣方(中御門)宿所給、東九条御稲供御人但馬房、供御米抑留之間、整申狀被付之、忩可申沙汰云〻、㝡勝講八日可延引歟、證義相林院僧(懷雅)□(正)所労、延引者可參歟之由、令申之云〻、次參殿下(二條良基)給、以月輪中將家□(尹)朝臣(藤原)被申入、其後歸宅給、

四條顯保補歷を返却す

今日四条中將顯保朝臣補歷直改返遣之、本意之由、有返事、

今日青女產所宿初日次、相尋陰陽大屬久盛(惟宗)之間、度〻日次勘付之、

南禪寺長老定山入院す
山名時義

今日南禪寺長老定山和尚入院、勅使頭右大弁嗣房朝臣向之、瀧口一人召具之云〻、武家使山田(マヽ)彈正少弼、〻〻(時義)山名入道(時氏)子息云〻、

建仁寺長老入院す

今日建仁寺長老、〻〻入院云〻、

今日篠頸村被返善覺、予申沙汰、去六月九日被召放之、此間連〻歎申之故也、神妙〳〵、

釋奠延引

今日釋奠延引、可爲中丁云〻、斵足不被沙汰出之上、序者無領狀故云〻、

西園寺公宗三十三回忌の法事を修す

(頭書)「今日下一房・爲佛房參入、一時之後、歸寺、助教殿母儀月忌也、
傳聞、今日西園寺右府(實俊)□□(被修)故大納言公宗卿三十三廻佛事云〻、導師安居院良憲法印云〻、公宗卿在世之時、被書写懸金泥法花經、□人〻令勸進、被書写、經供養之云〻、」

東九條御稲の供米抑留を訴ふ

(裏書)「三日　今日東九条御稲田內、但馬房抑留供御米事、申狀被付藏人右中弁宣方(中御門)了、

大炊寮領山城國東九条御稲田內、但馬房抑留供御米事、雜掌申狀副具書、進覽之、子細見狀候歟、抑留供御米不日被糺返、至其身者、被行所當罪科候之様、可有御
奏聞候哉、仍言上如件、

八月三日　　　　大外記中原師茂狀

進上　藏人右中弁殿」

四日、戊申、天陰、終日甚雨、入夜丑剋以後雨脚止、

越中國吉積庄安堵狀を守護桃井直信に下す

今朝越中國吉積庄內石塚・西吉江兩村事、引付奉書奉行布施彈正大夫(資連)、出之、頭人吉良左兵衞佐滿貞也、被仰守護桃井修理大夫(直信)、去月廿八日逢沙汰了、奉公(マヽ)正文今日持向預所扶持仁、、入道許、(桃井播磨入道(直常)若黨)　明旦態可下遣云々、

(頭書)「今□(日)□(賑)□(給カ)定幷公卿分配等定文、被書遣勘解由小路□(侍)□(従)宰相行忠卿(世尊寺)、」

尾張國三家保領家職を土岐直氏口入す

今日北小路前中納言教光卿(武者小路)進狀於家君、是尾張國三家保事、口入土岐伊豫守直氏之處、此所拜領恩賞領家事、曾不存知領家候者、不可有相違之由、令申之、且返報獻之云々、如豫州返報者、三家保領家職事不存知候、相尋代官、無相違者、不可有子細之趣也、如此奉之条、悦存、可參申入之旨、被答返事了、

北野祭

今日北野祭如例、

臨時祭延引歟、

放生會に馬寮允參向の先規を問ふ

今日前左馬權頭長世朝臣尋申家君云、放生會馬寮允參向事、先規何樣候哉、不審存候、任助如青侍進代官之条、又先例可爲何樣候哉、不審候云々、被答曰、放生會馬寮允參向事、

元亨二年の例

元亨二年八月十五日放生會、右馬允俊清參向、所見只今如此候、凡以往者、頭以下參向候歟、被任助沙汰進代官事、無所見候、不打任候歟云々、

三寶院光濟足利義詮邸に出づ

師茂四條顯保及び萬里小路嗣房を訪ふ

五日、己酉、天晴、早旦家君着衣冠給、令向三寶院僧正坊給之處、參大樹(足利義詮)第之由、返答之間、被遣返之、次令向四条中將顯保宿所給、對面、以彼狀先日令持向給之間、爲被語、無對面之次第也、次令向万里小路大納言宿所給、頭右大弁嗣房對面云々、改元定可爲㝡勝講已後云々、

三家保領家職

次令向北小路中納言教光卿宿所給、三家保事昨日書狀爲被謝也、對面申云々、次參殿下給、以月輪中將家尹朝臣被申入御稻田段別事、明日可有御參內、可被申入云々、又夕方牛可借進云々、被申領狀了、其後歸宅給、

放生會六位參向の沙汰

今日放生會參向六位事、康隆申子細之間、其分以狀被觸奉行職事藏人右中弁宣方、奉候了、可申沙汰之旨、以詞答之、

釋奠延引

今日留守之間、藏人右少弁宗顯(葉室)觸申云、釋奠延引、可爲中丁、任例可被催沙汰云々、

藥王寺住持職を訪ふ

今日良智房來、予對面、藥王寺住持職事、當住（卽心）出陳狀之間、近日可有御沙汰、可然之樣、可有御口入右中弁宣方云々、家君對面給、被羞雲脚了、

而他行之間、歸了、

「（頭書）今朝源左衞門□（尉）國隆申□□（家君）御狀、向但馬入道々仙宿所、是國隆息女痢病事爲相尋也、

八月節

今日入八月節、」

放生會參向外記の沙汰

「（裏書）五日

放生會參向外記事、加下知候之處、分配康隆不具非一事候之間、難參向之由、令申候、局務下知不可事行候、爲上別可被仰下候、得此御意、可有申御沙汰候歟、

恐惶謹言、

八月五日　師茂狀

中御門殿

釋奠延引、可爲中丁、任例可被催沙汰之狀、如件、

八月二日　右少弁宗顯判

四位大外記殿

」

勘解由小路有能三十三回忌の佛事を修す

六日、庚戌、天晴、午剋細雨下、未剋又降、則止、入夜亥剋許甚雨、無程休、其後間細雨下、

（裏頭書）『今日勘解由小路侍従宰相行忠卿實父有能三十三廻佛事□（被）修之云々、』

亡父の月忌

今日先考（師右）月忌也、備靈供、如毎月、唱光眞（マヽ）言千反、訪御菩提者也、

今朝日阿弥參入、被羞飯、

今日下一房・南一房參入、一時之後、歸寺了、

記録所庭中なし

今日記録所庭中不被行、兼日不及相觸也、

鴻臚館名田の件落着せず

中原國弘追放

今夕法皇寺長老（空照房）來臨、家君對面、予同有座、有雲脚、鴻臚舘名田事未落居、今朝向大判（坂上明宗）事許之處、他行云々、仍只今重可音信云々、歸樣被向助教（中原師秀）曹局、（中原）國弘間事、被追放之樣、可有御和讒云々、只今及晩、一兩日之間、必令參、可治定云々、爲之如何、

足利義詮基氏の百ヶ日佛事を修す

（頭書）「今日大樹於等持寺、鎌倉左兵衞督（足利基氏）被修百ヶ日佛事云々、不及八講沙汰云々、禪僧佛事歟、可尋注也、」

七日、辛亥、天陰、終日降雨、間休、入夜休、

栗原保の事を三寶院と談ず

今朝善覺向三寶院僧正雜掌宿所、栗原保事談合之處、所申不可有其詮歟、

賑給定

今日賑給定・公卿分配定文正文、貞和・延文被借遣侍從宰相行忠卿許、

放生會の執行を問ふ
新玉津島歌合不審
鴻臚館名田
助房より音信あり
師守女平産
師茂因幡堂百度を修す
最勝講延引
京極寺祭

八日、壬子、天晴、未剋許細雨下、則止、今日所作如例、遙拝北斗・因幡堂・六角堂等、
今日侍従宰相行忠卿昨日借申賑給定并公卿分配定文正文返進之、
今日小倉前宰相中將實名卿進狀云、放生會必定候哉、除目何比可被行哉、又當時見任大・中納言不審、又新玉津嶋哥合不審云〻、被答曰、放生會必定候欤、除目未被仰下、見任大・中納言注進候、新玉津嶋哥合不所持云〻、
今日法皇寺長老來臨、鴻臚舘名田事、目安案申合被書之、可遣大判事許云〻、
今夕自伊賀新居狀到來、助房一兩日上洛云〻、味噌桶一・梅干百五十賜之、
「(頭書)今曉卯剋助教殿女房(古爾)予息女平產、女子、產所善覺宿所也、
今日家君被修因幡堂百度、
今日最勝講延引、」
「(裏書)八日
今日京極寺祭也、神輿餝等新調云〻、」
九日、癸丑、天晴、今朝伊賀新居《ニイノヘ》返事遣助房宿、此次茶二袋助房送之、
今朝文殿助豊參入、放生會事尋申之、侍從宰相行忠卿可參向欤之由、語申之、
今日家君以狀被尋問四条前中納言隆持卿云、被下武家院宣、傳奏被仰西園寺(實俊)欤、又執權

勸修寺一品（經顯）直仰武家欤之趣也、勘付云、傳奏葉（マヽ）（長顯）前中納言・日野（時光）前中納言仰西園寺候、勸修寺一品執事別當候云々、此事法皇寺長老被不審之間、被尋問之者也、

中原國弘を追放す

今日法皇寺長老來臨、被教（助）殿被申彈正左衛門尉國弘間事、被申家君、被書誓文、於晉博（中原師興）士無子細者、於國弘者可追放之趣、被示之、今日日次不宜、來十五日可落居、件日可參之由、長老被申、被歸了、

今夜青女產所宿初也、日次兼日相尋陰陽大屬久盛（惟宗）了、三種肴・羹・菓子等也、衝重也、家主方遣一提・肴等云々、

北山科御稻に貢米を督促す

（頭書）「今日源（マヽ）遣北山科御稻、是米事仰之、相尋出來者、可進之由、令申云々、

田井保より麥到來

今日自田井保麥計納一合到來、又上柴用途內二百文致沙汰云々、

攝津掃部頭能直南朝より歸る

楠木正儀對面せず

傳聞、今日攝津掃部頭能直自南方歸洛云々、於南朝析御馬一疋引賜之、楠木（正儀）無對面、鎧一・裝束・馬一疋引之、和田馬一疋・腹卷一引之云々、」

十日、甲寅、天晴、酉剋以後細雨下、入夜終夜不絕、

春屋妙葩再び天龍寺に入院す

今日天龍寺長老春屋（マヽ）妙葩和尚入院云々、再住也、則寺事（七堂鋸）始有之云々、勅使頭右大弁藤原嗣房朝臣向之云々、後日引送馬一疋、置鞦、可尋實否佛殿跡前東三ヶ間儲幄着座云々、日時兼日勸修寺一品召曆博士賀茂在弘朝臣、被遣武家云々、勅使內々雖用意日時、寺家不乞之、頭

仁勝寺造營始

覺仕三十回忌の法事を本願寺に修す

葛野御稻に草代を督促す

天龍寺の事始に吉良滿貞幕府使として赴く

天龍寺木作始日時勘文

終日降雨

源仲定を右京權大夫に任ず

弁瀧口二人召具之云々、
□事也、
「今日四条高倉仁勝寺事始歟云々、
今日善覺親父四郎左衞門入道覺仕修三十迴佛事、於本願寺修之云々、雖相當來十四日、本願寺長老可被下向山城之間、今日引上修之云々、
入夜予召仕侍從、渡夫源左衞門尉國隆宿所油小路、是産氣有之故也、
(頭書)「今日左近太郎(友永)遣葛野御稻、草代催促之、八十四文催促進之、
今日天龍寺事始、武家使吉良左兵佐(マヽ)源滿貞向之、」
(裏書)「十日
奉行頭弁令付之、
擇申可被立天龍寺木作始日時、
今月十日甲寅　時辰
貞治六年八月十日　曆博士賀茂朝臣在弘」
(裏頭書)『後日尋在弘書之、』
十一日、乙卯、天陰、終日終夜降雨、
今日　宣旨到來、是久我相國(通相)政所前彈正少弼(源)仲定朝臣、任右京權大夫事也、上卿新中納言實綱(正親町)卿也、本人爲使者之間、被遣請文、此次以狀被賀仲定朝臣、又口宣從四上之由、

被載之、當階從四下也、一級事、內記局不注送之間、不直補歷、忩可注賜之趣、被示遣之了、　宣旨注裏、

（裏書）
「十一日

口宣一紙源仲定朝臣任右京權大夫事獻之、早可被下知之狀、如件、

八月十日　　權中納（マヽ）實綱卿判

四位大外記局

貞治六年八月十日　宣旨

從四位上源仲定朝臣

宜任右京權大夫、

權中納言藤原朝臣判奉

（裏頭書）
『上卿朝臣字不打任歟、』」

謹請

宣旨

源仲定任官の口宣

前彈正少弼
從四位上源仲定朝臣（三善）
正五下善益衡替
宜任右京權大夫、
右　宣旨、早可令下知之狀、謹所請如件、師茂恐惶謹言、
貞治六年八月十一日　大外記中原師茂狀

其後不申承候、何等御事候哉、
抑京兆御拜任事、　宣旨狀賜候了、進請文候、可被付遣候歟、返、目出候、早可
參賀候、兼又御當階從下四品候、御一級事、何日被宣下候哉、內記局不注送候之
間、未直申候、口宣案忩注賜、可直付補歷候也、每事期參賀候之次候、恐々謹言、
八月十一日　師茂
御宿所
」

頃日雨多し

十二日、丙辰、天陰、終日雨下、酉剋已後雨脚休、入夜丑剋已後雨下、
今日故女房月忌也、備靈供、唱光明眞言千反、訪菩提、
今日仲定朝臣從上四品事　口宣案書進之、

神祇伯業定王復任の沙汰を問ふ

是日神祇伯業定王、內々以故兼言（大中臣）朝臣子息將監、復任事、近日被行小除目者、可有申御沙

汰之由、令申之、除目事未被仰下、縱雖被行之、放生會參向輩被任者、可爲無骨歟、被
忩存者被　宣下之様、可申沙汰歟之趣、被答之了、內〻來彈正左衞門尉國弘宿所、令申
之間、國弘參申之、

今夕酉剋許、侍從平産、女子、一昨日渡産所了、

（頭書）
「今日麥一鉢賦賜之、

今日麥一鉢被出〻居、

巳剋地震、惡動云〻、以外也、」

地震

京兆事、朝奬之至、自愛候之處、示給候之条、恐悅候、

抑一級事、白馬節會輔代參勤之時、被　宣下候了、仍口宣案注進候、每事期參會候、

恐〻謹言、

八月十二日　　　　　　　　　　　　　　　仲定

源仲定從四位上敍位の宣旨

上卿四条中納言
貞治五年十二月廿九日　宣旨
前彈正少弼
從四位下源朝臣仲定

宜敍從四位上、貞治二正五從四下

藏人左少弁藤原（廣橋）仲光 奉

萬病圓

十三日、丁巳、天陰、雨降、午剋以後屬、（マヽ）今日左近太郎腰成腫、起居不合期之間、家君以狀被尋但馬入道々仙之處、万病円廿丸与之云々、

釋奠式

（頭書）「今日釋奠式被遣文殿許了、」

最勝講不審

東九條御稻供御米を抑留す

今日藏人右中弁宣方、就㝡勝講不審条々尋申之、而及黃昏之間、明日自是可申返事之旨、被答之、東九条御稻內但馬房供御米抑留事、綸旨書進之、文章聊大樣之間、明日可被書直也、

洞院公夏を侍從に任ず

今日　宣旨到來、從五位下藤原（洞院）公夏可任侍從事也、上卿花山院大納言兼定卿、則被書出請文了、

釋奠を行ふ上卿不參

今日被行釋奠、上丁依新足弁序者無領狀延引、上卿不參、々議藤原（土御門）保光卿、少納言菅原秀長朝臣少納言不參、弁不參、五位外記・史不參、少外記中原康隆隼人正、分配、史不參、召使和氣助豐兼大學寮史生也等參行、初獻弁座主役助教清原良賢勲仕之、講書尚書、三道竪義・宴穩座如例、竪義三道共良賢兼引之、百度座勸盃依無人一獻云々、題者文章博士藤原（日野）氏種朝臣、序者文章生菅原在興云々、文人大學頭菅原在胤朝臣・文章博士氏種・式部少輔淳（菅原）嗣等參仕之、

釋奠料足

洞院公夏任官の口宣

料足五百疋、自一条廳下行之云々、内百疋杢寮・三〔十脱カ〕疋大膳職、其外三百七〔十脱カ〕疋史生方被下行之、竿道以

此料足内沙汰立云々、明法道博士明宗下行料足云々、

大炊寮饗膳如形被用意之、年預役御粟地下申子細、不致沙汰之間、不及沙汰云々、

〔頭書〕「家君不參給、姙者夫着帯以後之上、旁故障故也、

式如例置之、

初獻之儀戌剋行之、上卿丑剋參入、寅剋許事了云々、

廟拜參議一人有之、」

〔裏書〕「十三日

口宣一枚

右奉入如件、

八月十三日　　權大納言兼定卿二合

奉　大外記局

貞治六年七月廿五日　　宣旨

從五位下藤原公夏

宜任侍從、

藏人頭右大弁藤原嗣房 奉

跪請

宣旨

（敍不）從五位下藤原朝臣公夏

宜任侍從、（寂末）

右　宣旨、早可令下知之狀、跪所請如件、師茂誠恐頓首謹言、

貞治六年八月十三日　　大外記中原師茂 狀

東九條御稻の年貢抑留停止を下知す

大炊寮領山城國東九條御稻田內、但馬房年〻抑留供御米事、奏聞之處、爲事實者、

不可然、嚴密加下知、可被全供御備進之由、被仰下之狀、如件、

八月十三日（十一日）　　右中弁 宣方 判

四位大外記殿」

十四日、戊午、今曉卯剋以後雨下、申剋已後休、

覺住三十三回忌を本願寺に修す

但馬房供御米を抑留す

最勝講の賑給定日時定僧名定

今朝大學寮史生助豐（和氣）、以代官進聽明三合、一合家君、一合予、一合助教、始進二合之間、每度進三合之由、問答之處、一合進上殿下（二條良基）、而思誤二合進之了、今一合爲進他所用意、先進之、於折者、以別儀一合可被下之由、歎申之間、予分一合取納物賜之了、

今日藏人右中弁宣方、昨日返事被遣之、於　綸旨者、如案文書進了、狀已下注左、㝡勝講御教書付使進了、

今夕下一房・爲佛房參入大方、今夜可被修別時也、明日家君故女房月忌之故也、

（頭書）「今日善覺祖父四郎左衞門入道覺住三十三迴忌陰也、於本願寺上諷誦文、如形修佛事云々、去十日引上、如形修之、重爲正忌之間、修之歟、

今日學生見參不及沙汰、近年一向無沙汰、」

但馬房供御米抑留事、　綸旨書進候、積度數嚴密可有沙汰候歟、

此間不申承候、積欝候、㝡勝講十八日必定之間、計會候、賑給定、每度被尋日次候哉、將又中日結願間、大臣參之時、申沙汰候哉、大納言上卿其例候歟、今度內府（二條師良）御參之時、中日結願間、可申沙汰候、公卿分配可爲同時候、先內々可有御存知候歟、御參之定日尋申重可申候、

日時并僧名定初日《同時》、先近例其沙汰候哉、先度康安・貞治(マヽ)何様候哉、或於里第下一上、或大・中納言之間、於陣下之条、無子細候哉、先規不審候、分明所見候者、可注給候、弁官不參之時、兼職事、弁仰鐘之条先規候哉、条々委注給候者、本望候、事々期參會候、謹言、

八月十三日　　宣方

御宿所

綸旨進入候、則遊賜候者、畏入候、

最勝講始行中日結願の日時

如仰、此間不申承、恐欝之處、悦奉候了、㝡勝講自十八日可被始行事、御教書未到候、忩賜可加下知候歟、

賑給定

賑給定每度被尋日次歟、將又中日結願間被行歟事、引見候之處、被尋日次事、所見不分明候、中日結願之外被行事間、其例候歟、流例者結願候、賑給上卿大・中納言其例候、公卿分配者、大臣之外、納言上卿不候也、兼日治定日次六位外記事、可被沙汰出候、局務下知更不可事行候、凡如此事、不可依先規候、近日白晝出現、師茂窮困之身、不可叶候、賑給公卿分配可被行候者、雖中日結願日候、僧衆退出之後、入夜被行之条、

可宜存候、不然者、師茂參陣更不可叶候、殊可得御意候、

僧名定

日時并僧名定事、兼日被下官之条、流例候歟、但當御代、康安元年六月廿八日被始行寂勝講、當日、日時・僧名、藏人右中弁行知(安居院)以狀書下官勢匡(小槻)遠宿祢了、於陣雖可被下、依史不參也、件度右中弁官方奉行候歟、貞和二年記只今無所見候、如仰僧名・日時宣下一上之条、無子細候哉、

辨官不參時の兼職

弁官不參之時兼職事、弁仰鐘例事、正治元年五月廿五日寂勝講第三日、權左中弁通具(堀川)朝臣遲參、被仰鐘事(於)頭左京權太夫親經(藤原)朝臣、廿六日同講第四日、依弁不候、奉行職事中宮權大(進)史長兼被仰鐘事、廿七日同講結願、左少弁親國(藤原)遲參之間、仰鐘於頭大夫歟、文永九年十月廿一日寂勝講第四日、弁不參、職事仰鐘事云々、

但馬房の供御米抑留

但馬房供御米抑留事、　綸旨賜預候了、早速申御沙汰、返々悅入候、忩可加下知候、但如　綸旨者、抑留惣御米之様候、可為何様候哉、仍案文進之候、自由之申狀、仰御免候、每事可參啓候、恐惶謹言、

八月十四日　　　師茂 狀

(宣方)中御門殿

条ゝ委細承候了、散不審候、返ゝ悦入候、公卿分配大臣上卿之外、無其例之上者、内府御參日承存、可申沙汰候、賑給定可爲同時候歟、僧衆退散以後事、可存知候、兼又供御米事、　綸旨書直進候也、謹言、

八月十四日　　宣方

（頭書）「貞治二（マヽ）年八月記被求失之間、無所見之由、被答之、而被求出之間、被引見之處、日時・僧名下一上由、被注之了、此趣重可被示遣之、」

（裏書）「十四日

東九條御稻供御米抑留停止の下知

大炊寮領山城國東九条御稻田內、但馬房年ゝ抑留供御米事　奏聞之處、爲事實者不可然、嚴密加下知、可被全供御備進之由、被仰下之狀、如件、

八月十一日　　右中弁宣方判

四位大外記殿

（裏頭書）『初綸旨文章大樣之間、書案被遣之間、如此書遣之了、』

寂勝講自來十八日可被始行、任例可被存知之由、被仰下之狀、如件、

八月十四日　　右中辨宣方判

四位大外記殿」

十五日、己未、陰晴不定、入夜雨下、終夜甚雨、

終夜甚雨

今朝下一房・爲佛房歸寺、不及被食事、

今日法皇寺長老(空照房)來臨、只今出京云〻、鴻臚舘名田等事、可被付大判事(坂上明宗)目安、音博士(中原師興)淸書之、又被申助教殿(中原師秀)・彈正左衞門尉國弘(中原)間事、過言實否、音博士師興貎熊野牛王裏、及誓文之間、如誓文者無所遁歟、仍被止參仕之由、被遣狀於國弘許、他行之由、令申、取置了、件國弘、當時寮目代幷所司也、弥寮中無人、爲之如何、

鴻臚舘名田を訴ふ

中原國弘追放誓文を出す

今日　宣旨到來、上卿新中納言實綱卿、不被出請文、注裏、

入夜、於出居有各出、賞翫芋諚、

月見

(頭書)「今日田井保役夫上洛、

田井保の役夫上京す

放生會、

宣命上卿不參、仍內藏助丹波重世內□於御湯殿賜宣命歟、」

今日石淸水放生會也、上卿不參、〻議藤原行忠卿侍從・右少弁同宗顯藏人・諸衞左中將同(一條)季村朝臣・左馬權助源仲持(淸治、)其外不參、右大史高橋秀職、外記不參、不及覽見參、式自社家置之、例也、內藏助不參、進代官云〻、召使和氣助豐參之、

石淸水社放生會上卿不參

「（頭書）御導師、、」

宰相行粧侍二人造衛府・如木二人・雑色六人等也、弁行粧如木一人・小雑色三人云ゝ、乗船

參之云ゝ、宰相四方輿云ゝ、

「（裏書）十五日

口宣一枚左兵衛尉藤井友清任官事獻之、早可被下知之状、如件、

八月十三日　　　　権中納言實綱卿判

四位大外記局

藤井友清任官

貞治六年八月十三日　　宣旨

左兵衛尉藤井友清

宜任左衛門少尉、

権中納言藤原判奉

謹請

宣旨

左兵衛尉藤井友清
　宜任左衛門少尉、
右　宣旨、早可令下知之状、謹所請如件、師茂恐惶謹言、
　貞治六年八月十五日　　大外記中原師茂状

被止參仕候、可被存知之由、其沙汰候也、恐ゝ謹言、
　八月十五日　　賴惠上
彈正左衛門尉殿　國弘」

禮記の讀書終了

(裏頭書)『今日大炊權助師豐礼記讀書終功了、予授之早、』

鴻臚館名田下司職

十六日、庚申、天陰、雨下、未剋以後休、入夜屬(マヽ)、
今日法皇寺長老來臨、鴻臚館名田下司職事、大判事明宗今朝返答之趣、被語之、明日以善覺可被口入之由、被申之、

庚申
孔子御影供
豐嶋北條御稻仕女役執行す

今日庚申也、懸孔子御影、被備廟供、家君姙者夫着帯以後御坐之間、以助教殿被備之、以豐嶋北条御稻仕女役二百五十文被執行之、予御影今日不奉懸、不備廟供、予姙者夫之間、令斟酌了、

佐女牛若宮放生會に足利義詮義滿詣づ

今日佐女牛若宮放生會如例有之、鎌倉前大納言義詮（足利）卿征夷大將軍・同子息（義滿）等被渡之云〻、大樹乘車、子息乘輿歟云〻、

駒引延引

今日駒引延引歟、兼日觸局㔟職事无之、

「（頭書）今日三条覺阿用途一貫五百文借之、明年北山科公用沙汰之時、可立用之旨、載借書了、

記録所庭中なし

今日記録所庭中无之、傳奏故障之故也、」

十七日、辛酉、天晴、酉斜雷鳴、降雨、無程休、入夜晴、

西九條御稲より訴訟す

今朝家君以國隆奉書、被仰西九条御稲下司小枝三郎政茂云、先日代官參之時被仰候西九条御稲田內、五段下地事、可有御沙汰候、忩分明可被申御返事之趣也、忩可有御訴訟候、此間依雨不參候、近日之間、可參申入之旨、被申返事、

今日藏人右中弁宣方進御教書云、大炊寮役事、以先度御請文申入候之處、任先例、猶早可被下行之由、被仰下云〻、件御教書內膳年預代官持來之、載請文、猶被申子細了、

最勝講結願改元定の先例

今日頭右大弁嗣房（萬里小路）尋申家君云、寂勝講結願、可有改元定候、先規何樣候哉、雖准據例候、所見候者、可被注進之由、被仰下云〻、指例無所見、准據例一度載請文被申了、

鴻臚館下司職名主職を訴ふ

今日法皇寺長老來臨、鴻臚館下司職幷名主職等事、今朝善覺爲家君使節、向大判事明宗

宿所、彼返事善覺語之、重爲使節、向大判事許、所詮爲理訴歟之間、依相親口入申、同者任文書道理、可有成敗之趣也、返事云、於下司職者、以方緣書令申之仁有之、又御口入旲他之間、周障無極、然而此間、下司暫不可改易之子細有之、今年所勢之後、可相計之由存云々、名主職者、相尋地下之子細候、急速可申左右之由、〔申〕有返事了、仍長老被歸了、

稲荷社山城國段錢免除を訴ふ

吉田社大原野社の段錢免除

(頭書)「今日稲荷社々祠參入、山城國段錢事、當社領申　綸旨之處、吉田・大原野社領事、被下　綸旨之處、武家可被停　綸旨之旨、執奏之間、無左右難被成歟之由、万里小路大納言(仲房)被申、當寮領事、何樣御沙汰候哉云々、寮領事去月被成　綸旨了、其後武家奏聞之由、有其說之由、被答了、」

最勝講改元定の先例を問ふ

㝡勝講結願、可有改元定候、先規何樣候哉、雖准據例候、所見候者、可被注進之由、被仰下候也、謹言、

八月十七日　嗣房

四位大外記殿

先例なし

㝡勝講結願、可有改元定、先規何樣哉、雖准據例、可令注進由事、引勘候之處、指例

所見今間不詳候、但承久四年三月廿五日季御讀經始、今日有院号定、号東一条院、（順德帝中宮九條立子）所見如此候、可被因准哉否、宜在時議候歟、令得其御意給、可有洩御奏聞候乎、恐惶謹言、

八月十七日　　師茂状

（裏書）
「十七日

大炊寮役事、以先度御請文申入候之處、任先例、猶早可被下行之由、被仰下之状、如件、

八月十六日　　右中弁（宣方）判

四位大外記殿

最勝講大炊寮役

㝡勝講大炊寮役事、重被仰下之旨、承候了、尤可加下知候之處、粁所違乱之間由、雑掌申子細之間、先度言上其旨候了、更非自由對捍候、加御詞、可然之樣、可有申沙汰候哉、仍言上如件、

八月十七日　　大外記中原師茂状」

精進

乳母の月忌

奥山田田原の両御稲に借物す

濱名藤經悴の任官斡旋を頼む

最勝講の日時及び僧名定

十八日、壬戌、天晴、今日予精進、所作如例、遙拜六角堂、

今日弥阿弥陁佛（師守乳母）月忌也、依不具、不備靈供、唱光明眞言百反、訪之、

今朝源次郎男遣奥山田御稲、借物事仰之、此次家君被遣御教書於田原御稲、借物被仰遣之、

今日濱名加賀權守入道俗名藤經參入、家君對面給、久不入見參云〻、又子息先年拜任右京亮之事、〻處武家被出擧狀、然而未拜任、及多年令申入　公家者、可被宣下歟云〻、凢者不可有子細歟、但遲〻之時、被仰子細、不被　宣下事有之旨、被答了、

今日頭中將公時朝臣（三條西）觸申云、明後日廿日可從事、任例可被下知云〻、可存知之由、被出請文了、

今夕藏人右中弁宣方觸申云、最勝講日時幷僧名定、可爲今夕、任例可被存知云〻、可加下知之旨、被出請文了、

明後日廿日可從事、任例可被下知之狀、如件、

八月十八日　　右中將判

四位大外記殿

明後日廿日可令從事給、任例可加下知之由、可存知候、仍言上如件、

八月十八日　　大外記中原師茂狀

四位大外記殿

㝡勝講日時幷僧名定、可爲今夕、任例可被存知之狀、如件、

八月十八日　　右中弁判

㝡勝講日時幷僧名定、可爲今夕、任例可令存知由、可加下知候、仍言上如件、

八月十八日　　大外記中原師茂狀

禁裏最勝講始行
四辻善成拜賀

今日被始行禁裏㝡勝講、公卿權中納言源善成卿(四辻)今日被申拜賀、帶劒事宣下・藤原實綱(正親町)・參議同爲遠卿(御子左)右兵衛督・同隆仲朝臣(西大路)・弁右中弁同宣方(中御門)藏人、職事奉行・出居左中將同基光朝臣(園)・同顯保朝臣(四條)・同親忠朝臣(大中臣)・右少將同長秀・堂童子右中弁宣方藏人・右少將長秀・侍從藤原伊顯(白河)・藤原懷國藏人、式部大丞右中弁宣方等云々、宣方仰鐘事於右大史高橋秀職、僧名見裏、

四辻善成最勝講に着座す

三井寺僧綱幕府の勘氣に依て不參

二條良基病に依て不參

最勝講日時勘文

職事頭右大弁嗣房朝臣參之、藏人右中弁宣方等參之

「(頭書)頭中將可從事ゝ、被下知文殿、

今夕㝡勝講日時幷僧名定事、被下知文殿助豐(和氣)了、

今夜四辻子新中納言源善成被申拜賀、則着座㝡勝講云ゝ、

日時・僧名藏人右中弁宣方下申一上左大臣殿、(鷹司)冬通公、則被下宣方云ゝ、宣方於內裏下賜右大史

秀職云ゝ、

今度三井寺僧綱不參、武家勘氣之故也、寺不參建保有例、

今日關白殿(二條良基)下无御參、依御風氣也、」

「(裏書)十八日

官㔟(小槻)兼治注進之、

擇申、可被行㝡勝講日時、

今月十八日壬戌　時辰

貞治六年八月十七日　陰陽頭賀茂朝臣在音

權曆博士丹波介兼之、而不書之、先例歟、

最勝講の證義者講師聽衆

同
　最勝講
　　證義者
　　　前僧正懷雅　　　慈能
　講師
　　法印權大僧都慈俊　良憲
　　權大僧都　印覺　尋源
　　權少僧都　隆圓　良懷
　　　　　　　円守　覺成
　　　　　　　長聖　大法師能運
（裏頭書）
『被下印之後、隆円轉權大僧都了、尋源上云〻、』
　聽衆
　　孝憲　覺家
　　經辨　實玄（一乘院殿）
　　隆肇　円兼
　　義寶　長懷

亮忠　忠豪

貞治六年八月十八日

最勝講初日

寂勝講

初日

公卿

四辻中納言 善成卿　正二　源

新中納言 實綱卿　從三位　藤

右兵衛督 爲遠卿　參議

大宮宰相 隆仲朝臣　參議　正四下　藤

隆仲朝臣

弁

宣方 藏人　右中弁　正五上　藤　奉行

出居次將

基光朝臣 左中將云々、從四下　藤

顯保朝臣 左中將　從四上　藤

親忠朝臣

長秀 右少將　正五下　藤

堂童子

長　秀　　　侍従　伊　顕　従五上　藤

藏人　式部大丞
藤原懐國

宣　方

（裏頭書）
『官勢兼治注進、家君散状与、奉行職事藏人右中弁宣方注進散状、聊有違目、仍
守奉行職事注進本直之了、五ヶ日分同前、』

奉行職事藏人右中弁宣方注進局勢、
寂勝講

證義

前僧正

前僧正

講師　　　　　　聴衆

法印権大僧都慈俊　　　孝憲

良憲　　　覺家

権大僧都　印覺　　　經弁

隆円　義寶
尋源　實玄 一乗院
權少僧都　覺成　亮忠
良懷　忠豪
円守　長懷
長聖　円兼
大法師　能運　隆肇」

乙訓上村御稲の損亡を申出づ

十九日、癸亥、天晴、今朝下一房・東一房參入、被差時、則歸寺、
今日乙訓上村御稲内菱川供御人入阿弥參入、申損亡、不被敍用間歸了、此次米事并去年未進事等被仰之、

賑給定の例

今日藏人右中弁宣方觸申云、明日可有賑給定、任例可被致沙汰云々、礼帋云、中納言上卿例可被注進之由、同被仰下云々、可存知之旨、被出請文了、中納言上卿被注進之、則被下知文殿、
今日家君以狀被尋問右京權大夫仲定(源)朝臣云、賢息(仲持)御方爲右馬寮、御參放生會之由、奉候、實事候哉、然者被宣下候哉、口宣案可注賜候、爲載賑給定文書、尋申之趣也、返事、參

放生會馬寮、非愚息仲持候、沙汰立清（源）治候、被任左馬權助候、口宣案進入候云〻、

明日可有賑給定、任例可被致沙汰之狀、如件、

八月十九日　右中弁判

四位大外記殿

追申

中納言上卿例、可被注進之由、同被仰下候也、

明日廿日可有賑給定、任例可致沙汰之由、可存知候、仍言上如件、

八月十九日　大外記中原師茂狀

退啓

中納言上卿例、一通注進候、可得御意候、兼又、賑給定分配外記康（中原）隆候之間、加下知候、不事行候、爲上別不被仰下者、可御事闕之条、勿論候、嚴密可被仰下候也、恐〻謹言、

賑給定中納言上卿の例

賑給定中納言上卿例

永承七年五月七日、權中納言藤原兼賴卿參入、被定賑給使、
康平二年五月廿三日、權中納言藤原俊家卿參入、被定賑給(同)使、
同四年五月廿五日、權中納言藤原資平卿參入、被定同使、
(爲憚年之間、被略之、)貞應三年六月廿八日、權中納言藤原經(道字(マヽ)無骨)卿參入、被定同使、

明日廿日可有賑給定、任例可令致沙汰、諸衞差文忩可被催進、兼又六位外記事、忩相觸分配一﨟(中原康隆)、可被申分配散狀之由、被仰下候也、仍執達如件、

八月十九日　國隆上

外記文殿

最勝講第二日延暦興福兩寺の衆徒南殿前庭に爭闘す

今日最勝講第二日也、仍公卿・殿上人并僧綱等參內、中斜欲被始行之處、南北衆徒於南庭橘木邊引出喧嘩、散ゝ切合、結句令昇殿、於南殿切合之間、於堂上洛命一人有之(血氣充滿云ゝ)、又於南庭落命者三(四)人、其外被疵衆徒、兩方百余人有之、又被疵之輩令昇殿、常御所并御末マテ迯入者數輩有之、先代未聞珍事也、南都方二人・山門方二人被致害云ゝ、喧嘩濫觴、南

山名時氏土岐頼康警固す

爭闘に依て最勝講を止む

今川貞世をして死人を處分す

都證義相林院僧正(懐雅)興福寺別當參入、山門衆徒等ヲ强令祓之間、山中者咎之處、南都方者以扇打顔之間、拔力(マヽ)云々、其後散々切合云々、西四足山名左京大夫(時氏)入道固之、北門西向土岐大膳大夫(頼康)入道固之、各番衆等微弱之間、不及制止云々、以外之次第也、山門方證義慈能僧正彼門徒等也、

今日依喧嘩事、㝡勝講不被行之、僧綱等退散、

西斜藏人右中弁宣方西斜爲勅使向武家第云々、

傳聞、禁裏死人則時仰侍所今川伊与守(貞世)、被取出云々、

今日自梶井宮被沙汰進供御之間、被置御前之處、手肩等迯入付血之間、被取退云々、珎事也、又主上(後光嚴院)被落御冠歟云々、莫言〱、

「(頭書)狼籍靜謐之後、刑部卿橘知繁朝臣衣冠參内、以修理職工等、南殿以下血氣洗之、搔鐁云々、

今夜猶可被行㝡勝講之由、有時議、再三雖被催(マヽ)、僧綱等不及參入云々、

今日㝡勝講依喧嘩事、不被行之、」

「(裏書)十九日

上卿新中納言(實綱卿)

貞治六年八月十二日　宣旨

元左近將監

從五位上源清治

宜任左馬權助、従五上 藤忠藤替

藏人右中弁藤原宣方 奉

最勝講第二日は喧嘩に依て行はず

十九日

寂勝講

第二日 依喧嘩事、不被行之、

公卿

新中納言実綱卿 右兵衞督為遠卿

弁

宣方

出居次將

親忠朝臣

堂童子

伊顯 藤原懷國

菅原言長 藏人、彈正忠（東坊城） 宣方

賀茂社司來訪

禁中喧嘩の處分を議す

最勝講一日中絶の例

賑給定の有無

吉祥院修造料段錢の山城國免除を催促す

廿日、甲子、天晴、今朝藏人右中弁宣方進御教書於家君、寂勝講一日令中絶被行例、且准據例候者、㕝今間可被注進之由、被仰下云〻、引勘之處、云先規、云准據、所見不詳之趣、被申請文、

今朝賀茂社司參入、沙汰間事令申之、使廳沙汰事也、

午一點家君着朝衣、先參關白殿下押小路御第給、以菅少納言秀長朝臣(東坊城)被申入、昨日禁裏喧嘩間
事、被驚申、御參目出候、穢中寂勝講例可被注進云〻、
次欲令向万里小路大納言仲房卿宿所給之處、於勘解由小路東洞院、藏人右中弁使者行向、
可被參　禁裏之由、被仰下云〻、仍先參內給、於記錄所北小御所御緣、藏人右中弁宣方奉勅、寂勝講中絶被行例并准據等被尋問之、昨日喧嘩事被驚申、寂勝講一日中絶被行例、
無所見候、縣召除目日次不宜之時、若執筆故障之時、中入眼延引例存之、難准今度之儀
歟之間、不及注進之旨、被申之、其例㕝可被注進之由、被仰下、

賑給定事、如今者不定歟、万一可被行者、㕝可被仰下、無被仰下之旨者、不定之旨、可
存之由、被示藏人右中弁了、次令向万里小路大納言仲房卿宿所、子息頭右大弁嗣房對面
申、亞相可入見參之處、去夜祗候　內裏、今曉退出、今日隨躰可參寂勝講之由存之間、依窮屈、不入見參云〻、頭弁去十日爲　勅使向天龍寺、其儀語申之候了云〻、次吉祥院修造靳山

最勝講一日中絕の例
禁中狼籍に依る御殿掃除の例
縣召除目中入眼延引の例

城國段錢事、可除催促之由間、被下　綸旨之間、難事行、可被止　綸旨之旨、先日武家經　奏聞、被聞食之由、被仰　勅答、彼　勅答亞相書之旨、頭弁語申之、爲之如何、其後歸宅給、㝡勝講一日中絕准據例事、重引勘、載請□〔文〕被申之、又禁中狼籍出來之時、被掃除御殿以下、被行公事例、延慶四年正月十六日踏哥節會之時之儀、同被□〔載〕請文、次縣召除目中入眼延引例等、被注進之、彼狀於內裏、付藏人右中弁宣方了、使者歸來云、慥付之云〻、使者語云、官務兼治參　禁裏、於記錄所被尋問㝡勝講間事歟、無程退出云〻、後、被答返事了、

(頭書)「今日家君參內之間、東隣(中原師香)進狀、昨日禁中喧嘩事尋申之、留守之間、取置了、退出之

三條西公時の拜賀に袍を貸與す

今日月輪中將家尹朝臣進狀云、今日頭中將(三條西公時)爲拜賀、可參此御所、袍片時可借進、申次斱候云〻、不可有子細之處、今夜可有賑給定由、被仰下之間、可參陣候、如何可仕候哉之趣、被答之處、重進狀□〔云、〕賑給定可爲夜陰、頭中將可參㝡勝講之間、只今可參之由、令申、片時可被進、且可爲別忠之由、內、被仰下云〻、仍付使被進了、入夜亥剋返進□□(申之、カ)此次、今朝參給之時被尋問例、載請文被付之了、

痢症を病む

自今日予有痢病氣、」

㝡勝講一日令中絶被行例、且准據例候者、忩今間可被注進之由、被仰下之狀、如件、

八月十九日　右中弁宣方判

四位大外記殿

最勝講一日中絶の准據所見なし

㝡勝講一日令中絶被行例幷准據例、可令注進由事、引勘候之處、云先規、云准據、所見不詳候、可令得其御意給候乎、仍言上如件、

八月廿日　大外記中原師茂狀

追啓

昨日御教書今朝到來、相似請文之懈怠候、恐存候、恐々謹言、

元德二年最勝講一日中絶の例

㝡勝講一日中絶准據例事、重引勘候之處、元德二年十一月廿六日、自今日㝡勝講被始行、但自昨日廿五日可被始行、而　行幸還御、去夜丑斜也、仍今日被始行、然而昨日分被重行云々、廿九日同講結願、今日被行㝡勝講候者、昨日分被重行之條、可爲准據候哉、

延慶四年踏歌節會に禁中に於て喧嘩あり

兼又　禁中狼籍出來之時、被掃除御殿以下、被行公事例、延慶四年正月十六日踏歌節會、見物雜人等中有喧嘩事、瀧口有世(平)・裝束司出納代行氏・掃部寮官安國(藤井)・宿院雜色

等被致害、件狼籍人内一人自南階昇殿紫宸殿、於御帳西妻戸間、欲自害□之處、唐門番衆召取之間、御帳邊觸血氣了、此外被疵之輩等在之云々、然而掃除御殿血氣、修理職工等參入搔鏟、地上同掃除、被行節會了、次縣召除目依日次不宜、中入眼延引被行例、注進別紙候、可令得其御意給候乎、仍言上如件、

八月廿日　　大外記中原師茂状

縣召除目中入眼延引の例

縣召除目中入眼延引例

貞應二年正月廿四日縣召除目始、

廿五日、今日無除目、依國忌廢務也、

廿七日入眼、

嘉禎二年二月廿七日同除目始、

卅日入眼、昨日依滅日延引、

弘安元年二月五日同除目始、

六日、今日春日祭使立日也、仍除目延引、可爲明日云々、先例兩樣、然而令延引了、

八日入眼、

元亨二年正月廿二日同除目始、
廿六日入眼、廿四・五日延引、依日次不宜歟、
暦應五年三月廿七日同除目始、
卅日入眼、昨日依沒日幷御衰日延引、
此外猶存例
正中二正廿六同除目始、入眼依凶會日延引、
元應二二六同除目始、入眼執筆依被申子細延引、兩度依憚事、不被注進之、

九月十二日、家君以狀被尋大判事(坂上明宗)返報也、
恐欝之處、悅承候了、如仰、參會其期無心元存候、以便宜旁可參謁候也、黃門(日野時光)所勞事、諸醫相拾候之處、旲物、醫師去月比より加療治候云〻、仍此間聊小減之躰候云〻、如今次第減氣候ハヽ、可謂不思議之存命歟之由、承候、始終之段尤不審候、兼又最勝講喧嘩觸穢事、爲万里亞相奉行、其夜中被召候之間、不具故障候て、曉天參仕候了、此事被尋下候之間、如此注進言上候了、九今度之儀、於　禁中死人見在之段、無子細之樣、世間之沙汰、又見聞之輩其說候之處、被仰下之趣、不分明云〻、可無觸穢儀之樣、奉行被語仰之間、彼此不審候之次第候、且先例被尋申候哉、御注進之分、以便宜可申請之

最勝講中喧嘩に依て觸穢

由、存候、傍儒於傳奏亭參會了、所存無相違之由、令申連署候了、此案不可及返給候也、事々期面拜候、恐惶謹言、

九月十二日　　明宗

禁裏最勝講中に延暦興福兩寺僧喧嘩し禁中觸穢す

神祇式

神祇令

斷獄律

保安二年の例

禁中穢否事

右被　仰下偁、昨日十九日㝡勝講之㝡中、山門衆徒与南都衆徒有喧嘩事、數輩被疵、兩三輩顚倒之間、則被舁出門外早、但於死畢之段者不分明云々、穢否可爲何樣哉者、謹檢神祇式曰、觸穢惡事、應忌者人死限卅日、新儀式云、有死骸間、入其處者爲甲、斂骸後到觸者爲乙、神祇令云、穢惡者不淨之物、鬼神所惡也、斷獄律云、事有時宜、故人主權斷、詔勅量情處分、不爲永格者、不得引爲後比者、據考斯等文、或立觸穢之日限、或雖定甲乙之次第、不住〻注人死之躰歟、方今被疵輩顚倒之刻、爲令無死穢之儀、卽時被舁出門外者歟、凡稱死者息絶也、但縱雖氣絶、頸下胷間共以溫之時、不可有穢之由、保安二年正月廿七日、依　勅問、明法博士明兼勘申早、所詮死生之左右不分明者、依顚倒之儀、以其疑似難定申哉、抑王法者崇神道、々々者可被奉隨　王法之條、先儒所判又以炳焉、宜在臨時勅斷哉、仍言上如件、

貞治六年八月廿日

大判事兼明法博士左衛門大尉參河介坂上大宿祢明宗

明法博士兼左衛門大尉尾張介中原朝臣章世

最勝講第二日

今日寂勝講第二日也、昨日依禁裏喧嘩事延引、昨日分今日被行之、公卿權大納言藤原（三條）實音卿・同（萬里小路）仲房卿・權中納言同（正親町）實綱卿・參議同爲遠卿右兵衞督同（西大路）隆仲朝臣・弁右中弁同（中御門）宣方藏人・出居右中將同（鷲尾）隆廣朝臣・左中將同（四條）顯保朝臣・右（左）少將同長秀（親雅）・右少將同長秀堂童子右中弁同宣方藏人・左少將親雅・藏人式部大丞藤原懷國・藏人彈正忠菅原言長、右少將長秀宣方仰鐘事、史不參之間、直仰圖書寮云々歟、　僧名如初日、　職事頭右大弁嗣房朝臣參之、

興福寺延暦寺の門徒衆徒

（頭書）「南北門徒・衆徒不被入□□、

武家一族以下武士、□□□□取宿候、自然御用心之□歟、」

最勝講中絶の例

（裏書）「廿日

寂勝講中絶准據例事注進　禁裏請文案、爲御意得書進上候、内々可有御

進入候哉、

寶治元年の例

只今師茂參仕之時、被尋下候穢中寂勝講例、引勘候之處、寶治元年五月十八日被始行内寂勝講、同廿日關東穢引來之由、有沙汰、被定卅ヶ日穢、是去十三日將軍（九條頼嗣）

保安二年の例

元徳二年の例

最勝講第三日

室家（北條氏）夭亡穢云々、廿二日寂勝講終也、然者被始行之後、三ヶ日穢出來候歟、加之保安二年正月廿六日　禁中御膳宿邊下女頓死、可爲卅ヶ日穢之由、被仰下、件穢及廣、二月十三日、於院被供養尊勝陀羅尼、此外穢中被行仁王會、若季御讀經例存之候、但元徳二年十月廿四日、今日可被始行寂勝講云々、而　內裏穢中依无先例延引歟云々、所見如此候、可令得其御意給候乎、師茂誠恐謹言、

八月廿日　師茂狀

菅少納言殿［被申殿下、］

廿日

寂勝講

第三日　第二日分也、

公卿

實音卿　正二　藤
三条大納言

（正親町實綱）
新中納言

參議　正四下　藤
隆仲朝臣

万里小路大納言

爲遠卿　參議　藤
右兵衛門督々奉行宣方注進散狀
右兵衛督無之、

弁
宣方
出居次将
隆廣朝臣　顯保朝臣
奉行注進本無之、長秀　親雅 長秀上歟、
堂童子
同長秀　親雅
藤原懷國　菅原言長
宣方　」

最勝講結願

空照房に鴻臚館名主職を安堵す

廿一日、乙丑、天晴、未剋降雨、則止、今朝大判事明宗進狀於家君云、僧指可申談事候、片時可有御渡候、㝡勝講結願、大理(柳原忠光)可被參之間、供奉官人被責伏候、仰天候云〻、就此狀、則予書狀籠明宗狀、遣長老(空照房)京宿坊之處、被歸法皇寺之間、直使者持向法皇寺了、今日法皇寺長老賜狀、使者語云、自是御使於路次令逢云〻、予則答返事、明宗左右無心元之趣也、今朝進狀之由、載返狀了、
今夕法皇寺長老來臨、向大判事宿所之由、被語之、鴻臚館名主職事、可申付、就其安堵

賑給定

靳令問答云々、未落居、計會已後、委可申承云々、

今日可有賑給定、公卿分配之由、雖有沙汰、不被行之、喧嘩以下旁計會之故歟、

最勝講第四日

今日㝡勝講第四日也、公卿權大納言藤原仲房卿・權中納言同實綱卿・參議同保光卿（土御門）・弁右少弁同宗顯（葉室）藏人・出居右中將同隆廣朝臣・左中將同顯保朝臣ミ右《左》少將同長《親雅》秀ミ・右少將同長秀・堂童子右少弁宗顯藏人・左少將親雅・右少將長秀・藏人彈正忠菅原言長、宗顯仰鐘事、史不參之間、直仰圖書寮云々、職事頭右大弁嗣房參之、

大地震

（頭書）
「今曉卯剋大地震、吉動云々、神妙〱、

今日助教殿小兒生衣色白云々、

今日音博士於助教殿曹局召寄一琖、及盃飯了、

今日第三日分被重行云々、元德例也、」

最勝講第四日

（裏書）
「廿一日

㝡勝講

第四日 第三日分被重行、

公卿

万里小路大納言 仲房卿 正二 藤　　新中納言 實綱卿 從三

保光卿　藤宰相　従三位

弁

藏人　宗顯　右少弁　正五上　藤

出居次將

右中將　隆廣朝臣　従四上　藤

左少將　親雅　正五下　藤

　　　　　　　　顯保朝臣　奉行職事注進無之、

　　　　　　　　長秀

堂童子

宗顯　　　親雅

長秀　　　藏人　菅原言長　彈正忠

（裏頭書）
『廿一日

今日葛野御稻米三斗借進之、遣人夫、定使定左近太郎（マヽ）（友永）所勞、遣源次郎男了、』

葛野御稻の借米

廿□（二）日、丙寅、天晴、申剋已後陰、入夜雨下、終夜不絶、卯剋已後休、

今朝大判事明宗進狀於家君云、今日計會無極候、大少笠借給候哉、又人夫雇（マヽ）賜哉云々、大笠破損之間、難立御要、且見御使了、小笠者不所持候、人夫只一人召仕候、今朝遣西郊邊、晝程可罷歸候、其時分候者、可進之趣、被答了、

藥王寺住持職落居せず

今朝良智房來、家君對面、被羞茶、藥王寺住持職事、未逢沙汰云々、

葛野御稲の借米

今日葛野御稲御米三斗、今堂供御人借進之、以人夫遣取了、

今日米二斗政所返進家君、去春二斗借申內也、

今日米一斗・鳥目一連遣良智房許、明日亡母遠忌之間、可被訪之由、示遣了、可招引之處、時正中計會之上、於妙法寺妙經(マヽ)中也、仍如形送遣了、

奥山田御稲より柿漆到來す

今日自奥山田御稲柿漆到來、入桶一了、夫丸不取返抄下向、以外也、

今夕下一房・南一房・菩一房被參大方、今夜爲被修別時也、

最勝講結願

今日㝡勝講結願也、公卿權大納言藤原實音卿・同仲房卿・權中納言同忠光卿右衛門督、別當、同實綱卿・參議同隆仲朝臣・源(中院)通氏朝臣右中將・弁右少弁宗顯藏人・出居藏人頭右中將藤(三條西)原公時朝臣今日申拜賀從事・右中將同(二條)師嗣朝臣殿下(二條良基)御息、内大臣(二條師良)御舍弟、今日御拜賀云々・同隆廣朝臣・左中將同顯保朝臣・同親忠朝臣・右少將同親雅(御子左)爲有朝臣・左少將同親雅・右少將同長秀・堂童子藏人右少弁宗顯・左少將親雅・右少將長秀・侍從伊顯(白河)等參仕、鐘事頭中將公時朝臣、以弁宗顯仰六位藏人云々、職事頭右大弁嗣房參之、

「(頭書)今日源左衛門尉國隆於助教殿曹局召寄一提、補徒然也、

精進

自今日予精進、唱光明眞言、自昨日令精進之處、不慮魚食、仍自今日精進、

別當召具官人姉小路大夫判官明方(坂上)、舍兄明宗沙汰立之、

今日僧事不及沙汰也、

冣勝講□(中)殿下無御參、」

(裏書)「廿二日

冣勝講

最勝講結願參仕交名

結願

公卿

實音卿 三条大納言　　仲房卿 万里小路大納言

忠光卿 別當 權中納言 右衛門督　　實綱卿 新中納言

隆仲朝臣 大宮宰相　　通氏朝臣 右中將 正四下 中院宰相中將 通氏朝臣

弁

宗顯

出居次將

藏人頭 公時朝臣 右中將 正四下 藤　　右中將 師嗣朝臣 播磨守 正四下 今日御拜賀云々、殿下御息、

隆廣朝臣　　顯保朝臣

親忠朝臣
右少將
爲有朝臣
親雅　　長秀
堂童子
宗顕　　親雅
長秀　　伊顕」

亡母の遠忌

廿三日、丁卯、天晴、今日先妣(師守母)聖靈遠忌也、仍備靈供、予唱光明眞言千反、訪御菩提者也、
昨夕如形析足遣良智房許、可訪申之由、示遣了、又半連志下一房了、
今日下一房・南一房・菩一房歸寺、爲時正初日之間、被志之、不及被參靈山也、時(マヽ)點心之時、予・助教殿有坐(マヽ)、尼衆布施一連宛被志之云々、

墓參

今日尼衆歸寺之後、家君有御同車助教師秀・縫殿權助師有・虎若丸(中原師興子)等、參靈山墳墓給、予可參之處、此間痢病所勞間、不參、爲恐、、、於先妣御墓一時念佛有之、調聲賴惠、又於先考(師右)御墓一時念(マヽ)有之、又於觀心聖靈墓阿弥陀經・念佛有之、又於上覺妙家君故女房并觀照等聖靈分、各阿弥陀經・念佛有之、墓守法師酒直三十文賜之、其後歸宅、

空照房の來訪

今日家君自靈山殿歸宅給之後、法皇寺長老來臨、沙汰間事被語之、

（頭書）「今日時正初日也、

青侍宗左衛門入道賴惠幷善覺・源左衛門尉國隆等參之、」

痢病

補歴

最勝講中に禁中に於て喧嘩あり

廿四日、戊辰、天晴、今日爲時正中之間、可精進之處、痢病同躰間、魚食而已、

今日北小路前中納言教光（武者小路）卿進状於家君、是補歴事、自仙洞如此被仰下、被進哉、愚本紛失之子細候、被借進候之条、可宜候、則可申出候、無相違者、可被付迴候云々、付使者被進之、予本被進之、

其後何事候哉、㝡勝講南北喧嘩事、　禁中之式、凢言語道斷候了、手肩死人不知其數候歟、珎事候之至極候歟、驚存之外無他事候、如此先例不審候、若被勘出候哉、弘安此御講、寺門不參候、結願日南北衆徒□（喧）嘩之由、才學之仁候、若所見候哉、　禁中非觸穢之旨、法家勘申候哉、是又不審候、如然事、以參會可申承候、兼又補歴事、自仙洞如此被仰下候、被進候哉、愚物紛失之子細候、被借進候之条、可宜候、則可申出候、無相違者、可被付迴候、他事期奉謁候也、謹言、

八月廿四日　　教光

四位大外記殿

銘仰　貞治六八廿四

補任歴名

ふにんりやく(補任歴)名御らんせられたきこと候か、ひさしくなをり候ハぬほとに、正たひ(マヽ)(躰)なく候、御わたくしの本候ハ、、まいらせられ候へ、候ハすハ、外記にめしてまいられ候へ、やかて返しつかハされ候へしと申とて候、あなかしく、、

最勝講中に興福寺延暦寺争闘は前代未聞

正應三年宮中狼藉の例

延慶四年踏歌節會に争闘の例

弘安の例

謹奉候了、㝡勝講南北喧嘩、如仰前代未聞珎事、無比類之次第候歟、驚存之外無他事候、正應三年三月十日未明、武士三人号淺原(爲頼)昇南殿致狼籍、父子三人自害、主上(伏見天皇)駕腰輿幸春日殿、件御殿可被造替哉事、以官・外記例勅問人々、被取替板敷幷柱少々・御帳了、延慶四年正月十六日踏歌節會、見物雜人等中有□(喧)嘩事、瀧口有世・裝束司出納代行氏・掃部寮官安國・宿院雑色等被致害、件狼籍人内、自南階昇紫宸殿前、御帳西妻戸間、欲自害之處、唐門番衆召取之間、御帳邊觸血氣了、前代未聞珎事也、此外被疵之輩等在之云々、但被掃除御殿血氣、修理職工等參入搔鏟、地上同掃除之、被行節會了、但於出行者被略之、今度不及觸穢歟、弘安㝡勝講結願喧嘩事、無所見候、如此事、此間可參申入候、兼又□□□□(自仙洞女カ)房奉書加一見、返上仕候、補歴本進上候、下品物恐存候、忩被下仙洞御本、可直進上仕候之由、可得御意候歟、毎事可參入言上候、師茂恐

惶謹言

八月廿四日　　　　師茂 状

維摩會講師の宣下

廿五日、己巳、天晴、今日自殿下以菅少納言秀長朝臣奉書、被仰家君云、維摩會講師事可被宣下、可被參之由、被仰下云々、可存知之由、被進請文了、

今日家君着朝衣、參殿下給、依可被宣下維摩講師也、以大藏卿長綱卿（東坊城）布衣上結、當年維摩講師注折紙、被□□、被仰云、書樣無御覺悟之間、名字許被注遣、令參差者、後日書直可被遣候、任例成　宣旨、可遣綱所也云々、件講師大乘院殿御弟子（教尊）、申僧都之由、大小之間無御存知、相計可載宣旨云々、又内々被仰云、執柄事無其期之間、被辭申了、定可有宣下歟云々、又大藏卿語申云、今朝一乘院殿（實玄）爲御對面御渡云々、

東九條御稲の貢米抑留す

「（頭書）今日東九条御稲内但馬房分御米抑留之間、□（被）申綸旨間被施行之、仰沙汰人了、沙汰人下知但馬房、」

維摩會講師宣下に出仕の沙汰

「（裏書）廿五日

維摩會講師事可被　宣下、可被參之由、被仰下候也、恐々謹言、

八月廿五日　　　　秀長

四位大外記殿

維摩會講師事可被　宣下、可令參仕之由、被仰下之旨、可存知候、且可令得其御
意給候乎、師茂誠恐謹言、

八月廿五日　　師茂 狀

專寺

教尊

折帋　家君參仕給之時、被下之、

東九條御稲供御米抑留を停む

當御稲田内但馬房年々抑留供御米事、御　奏聞之間、所被成　綸旨也、案文被遣
之、忩相觸可被申左右之狀、依寮家仰執達如件、

八月廿四日　　左衛門尉國隆 上

東九条御稲下司殿 牧

綸旨案見十三日記、

廿五〔六〕日、庚午、天晴、今朝家君有御同車助教師秀・縫殿權助師有・愚息大炊權助師豐等、

痢病

參行願寺、皮崎（マヽ）、依時正中日也、予痢病所勞未得減之間、不參、

北山科御稲より彼岸の苞到來す

今朝自北山科御稲、彼岸ツト八到來、此次供御人刑部入道智淨去年未進、彼後家沙汰進之、四升也、去年智淨存日賜皆納返抄之間、今度不及賜返抄也、

維摩會講師宣下

今日家君以狀被召文殿代助豐（和氣）、則參入、維摩講師事、成宣旨賜之、忩可付綱所之由、被下知之、件宣旨立文、上下押折賜之、講師不被載官之間、不審之處、去貞治二年九月九日任大僧都給了、仍被載其由了、

記錄所庭中なし

今日記錄所庭中不被行之、兼日不及相觸也、

痢病に惱む

（頭書）「今日予不及所作、依痢病所勞、自昨日服菲（マヽ）之故也、

梅干

今日梅干一土器進家君、」

教尊を維摩會講師と爲す

（裏書）「廿六日

維摩講師事可被下　宣旨、今間可被參之由、被仰下候也、仍執達如件、

八月廿六日　國隆上

外記文殿

大僧都教尊年﨟法相宗　專寺

鷹司冬通の關白宣下

關白　宣、件人宜仰綱所、令請定興福寺當年維摩會講師者、

貞治六年八月廿五日　大炊頭兼大外記下總守中原朝臣師茂奉」

廿七日、辛未、天晴、今朝頭右大弁嗣房朝臣以時付御教書、觸申家君云、今夕可有　宣下事、任例可被致沙汰云〻、礼帋云、可爲關白　宣下、可被存知云〻、可存知之由、被出請文了、則被下知文殿代助豐、忩相觸分配外記、可申散狀之旨、同被下知、而助豐大乘院御弟子維摩講師　宣旨、今朝持參南都之間、助興(和氣)相觸可申散狀之由、申了、

今日家君以狀被尋問頭弁嗣房朝臣云、今日關白　宣下必定候哉、上卿誰人被參候哉、六位外記分配良種(清原)候、爲上別可被仰之趣也、勘付云、關白宣下必定候、俄被仰下之間、仰天候、六位外記書進狀候、可被付遣候也云〻、

今日家君以狀寂勝講日時・僧名幷日〻參仕公卿等、被尋問藏人右中弁宣方之處、自是可申返事云〻、

今日助興參入、今夕關白宣下事、觸申四﨟外史(清原良種)之處、可構參由、被申候云〻、然而頭弁狀以是使者被付遣大博士宗季(清原)了、

是日自鷹司(冬通)殿、以藏人左少弁仲光(廣橋)奉書被尋問家君云、納言宣下例候哉、可被注進之由、被仰下云〻、付使被注進了、

今日自鷹司殿、以仲光奉書被仰家君云、今夕宣下必定候、而所勞之由、被申候歟、六位宣旨持參、雖先例候、不打任候歟、相構可令參陣給候之由、別被仰下云々、端書曰、宣下上卿別當申領狀候、其外悉周備候、不及違乱之樣、可令相計給之由、被仰下云々、被進請文云、今夕宣下必定之由、可存知候、師茂此間荒痢所勞候、然而可扶參之由存候、可令得其御意給候云々、端書曰、　宣下上卿別當申領狀之由、可存知候云々、

痢病

今日法皇寺長老來臨、鴻臚館名主職事、以五百疋可相計由、明宗申之由、被語之、請文案幷宛文案被所望之間、書進了、

鴻臚館名主職

今日下一房賜狀予、痢病事被尋之、同躰之由、答了、

入夜戌剋、家君着朝衣玉帶、青朽葉、檜扇、參陣給、依可有關白　宣下也、以左大臣藤原朝臣冬通公爲關白氏長者、同日隨身兵仗　宣下、丑剋被行之、上卿權中納言藤原(柳原)忠光卿右衛門督、別當、・奉行職事頭右大弁藤原(萬里小路)嗣房朝臣前殿下□□(南曹)也・大外記家君・左大史小槻兼治・權少外記清原良種書博士・右大史(高橋)秀職少內記、織部正　等參陣、大內記菅原(東坊城)富長作進　詔　勅、但不參之間、秀職從役、中務輔不參、可傳給之由、被仰良種云々、弁不參之間、召兼治於軾、被仰氏長者事云々、

鷹司冬通の關白氏長者宣下を行ふ

次前關白殿下良基內覽幷隨身兵仗如舊之由、同被　宣下、內覽事、召兼治於軾被仰之、依弁不參也、隨身兵仗事被仰當局云々、

二條良基の內覽隨身兵仗は故の如し

乗朝に法親王宣下あり

次有法親王　宣下事、上卿同前、奉行職事嗣房朝臣、御名字乗朝云々、不及注折帋也、下川原宮云々、

鷹司冬通關白宣下の儀

陣儀了、家君參鷹司殿新關白殿下御第給、於北唐門北下車給、中次平少納言棟有朝臣、束帯、被中參仕之由、大夫史兼治同參仕、關白殿下御出坐(マヽ)、御束帯、被御覽　宣旨、關白　宣旨・氏長者　宣旨兩通也、關白礼紙被籠氏長者宣旨、其儀如例、次大夫史兼治覽氏長者宣旨、則被返下云々、隨身兵仗事被載勅書之間、不及被成宣旨、　勅書无持參先例也、牛車事今夜不被　宣下云々、寅一點家君退出給、

北山科御稲に瓜代を催促す

> (頭書)「今朝源次郎遣北山科御稲、瓜代催促之、及晩來、瓜代且卅文催促進之、
> 今夜予於助教殿曹局、召寄一提、及盃飯、是女房產所留守、爲補徒然也、

足利義詮仁木義長邸に赴く

> 傳聞、今日大樹(足利義詮)被渡四条坊門西洞院仁木右京大夫入道(義長)宿所、泉新造之間、招引之云々、
> 執柄事、㝡勝講以前武家奏聞之處、自二条殿菟(マヽ)被申延、□□(于今)遲引云々、爲之如何、」

關白宣下の詔

黄紙
詔、虞風克調、猶命十六族之群才、漢日孔昭、偏任博陸侯之賢哲、古既如玆、今豈獨理乎、左大臣藤原朝臣(鷹司冬通)久司鼎貴之職、已當柄用之仁、夫万機巨細、百官惣己、皆先關白於左大臣、然後奏下、一如舊典、庶待利涉□(於)巨川、將致清晏於寰海、布告遐迩、俾

知朕意、主者施行、

貞治六年八月廿七日〔廿七両字御畫〕

隨身兵仗詔

黄紙

勅、風雲成會、一天平而有道、舟檝底功、四海靜而無波、倩思至治之化、宜依良佐之力、左大臣藤原朝臣溫朋素之□□〔茂躅、〕授關白之重寄、仍賜左右近衛府生各一人・近衛各四人、爲隨身兵仗、早備甲率於虎旅之秋霜、可致翼亮於鳳腋之夜月、普告遐迩、俾知朕意、主者施行、

貞治六年八月廿七日〔廿七両字御畫〕

關白宣旨

加礼帋　關白礼帋ニ籠氏長者宣旨、

權中納言從三位兼行右衛門督藤原朝臣忠光〔柳原〕宣、奉　勅、万機巨細宜令左大臣關白者、

貞治六年八月廿七日　大炊頭兼大外記下總守中原朝臣師茂奉

藤原氏長者宣旨

權中納言從三位兼行右衛門督藤原朝臣忠光宣、奉　勅、關白左大臣宜爲藤氏長者者、

貞治六年八月廿七日　大炊頭兼大外記下總守中原朝臣師茂奉

官宣旨　後日家君被尋官勢了、上卿位并兼官不載之、先例歟、
右中弁藤原朝臣宣方傳　宣、權中納言藤原朝臣忠光宣、奉　勅、宜令關白左大臣爲藤氏長者者、
貞治六年八月廿七日
主殿頭兼左大史小槻宿祢兼治奉
（裏書）
「廿七日
今夕可有　宣下事、任例可被致沙汰之狀、如件、
八月廿七日
（萬里小路嗣房）
右大弁判
四位大外記殿
追申
可爲關白　宣下、可被存知候也、
今夕可有　宣下、任例可致沙汰之由、可存知候、仍言上如件、
八月廿七日
大外記中原師茂狀
退啓
可爲關白　宣下之由、早可存知候、恐惶謹言、

今夕關白　宣下候、四﨟外記(清原良種)參陣事、可被存知候、局勢下知可遲々候之間、別令
申候也、俄被仰下候之間、仰天候也、謹言、

八月廿七日 申剋　　　　嗣房

大博士殿 宗季

何条御事候哉、此間不申承候、恐鬱候、以便宜可參申候、御講無爲被遂行候之条、
返々目出候、相當御奉行、定御自愛候歟、察申候、
抑今度㝡勝講日時并僧名・日々參仕公卿・出居堂童子等散狀、委細御本注賜候者、
畏入候、爲後記候、第二日分被重行之由、承候、何日候哉、不審候、鐘事每度被
仰弁候歟、六位史每日參候哉、
先日重請文定御奏聞候歟、兼治(小槻)注進例不審候、被写置候者、借賜候哉、今度　禁
中非觸穢候歟、若被尋法家候哉、条々委被勘付候者、悅入候、每事可參啓候、恐
惶謹言、

八月廿七日　　師茂 狀

最勝講日時僧
名日々參仕者
等

中御門（宣方）殿

納言　宣下例候哉、可被注進之由、被仰下候也、恐々謹言、

八月廿七日　　仲光

四位大外記殿

納言　宣下例、一通隨所見注□□□〔進別帋〕□得其御意給候乎、恐惶謹言、

八月廿七日　　師茂状

納言宣下の例

納言　宣下例

平宗經卿

曆應三年四月十二日任權中納言、元前參議、

（平）親顯卿

貞治三年十二月廿八日任權中納言、元前參議、

參議宣下の例

此外參議　宣下多存例、

宣下上卿別當申領狀候、其外悉周備候、不及違乱之樣、可令參陣給之
由、被仰下候也、
今夕　宣下必定候、而所勞之由、被申候歟、六位持參宣旨も雖先例候、不打任候歟、
相扶必可令參陣給候之由、別被仰下候也、恐々謹言、
八月廿七日　　仲光
四位大外記殿

宣下上卿別當申領狀之由、可存知候、
今夕　宣下必定之由、可存知候、師茂此間荒痢所勞候、然而可扶參之由、存候、
可令得其御意給候乎、恐惶謹言、
八月廿七日　　師茂狀」

關白宣下等の詔書宣旨を足利義詮に致す

廿八日、壬申、天晴、今朝關白　詔書一通・隨身兵仗　勅書一通□□〔以上〕兩通立文、結上下、
被獻鎌倉前大納言〔足利義詮〕、被付町野遠江前司信方官途奉行、又私分注折帋被遣之、忩可持參由、申返
事、其外　禁裏・仙洞以下不被進之、例也、

二條良基に内覽宣下あり

今日家君以状內〻付月輪中將家尹朝臣(藤原)、被伺申前關白殿下(二條良基)云、內覽以下事、去夜被宣下候、兵仗事、當局成　宣旨、可持參仕候、可爲何日候哉、有御伺、可被仰下之趣也、御返事云、內覽　宣下以下事、殊目出候、兵仗事尤可被成　宣旨候、明日可被持參候、雖吉書以前、不可有子細候之由、內〻候也云〻、

今安保より諸課役到來

今日自今安保七月焚食殘貳貫文・毗沙門講簀代等米到來、

田井保より貢米等到來

今日自田井保月萊(マヽ)弁來納用途二貫文・上柴用途五連等到來、

藥王寺住持職

今夕良智房來、是藥王寺住持職事、明日可有沙汰之處、藏人右中弁宣方故障之由令申、可被構參之由、可被遣一行之由、懇望之間、明旦可遣之旨、被答了、

今日前刑部權少輔業清朝臣(藤原)任大膳權大夫口宣案、遣音博士(中原師興)許、是北野祭馬長騎進之、申任云〻、口宣案頭弁嗣房朝臣爲自筆之間、可直補歷之由、被答了、

(頭書)「今日事□(阿カ)來、乍立對面、則歸了、

今日官勢兼治內覽如舊宣旨持參、二条前殿下覽之云〻、」

二條良基の內覽

(裏書)「廿八日

內覽以下如舊之由、去夜被宣下候、隨身兵仗事、當職(局)成　宣旨、可持參仕候、可爲何日候哉、內〻有御伺、可被仰下候、恐惶謹言、

八月廿八日　　師茂狀

□〔月〕輪殿

內覽　宣下以下事、殊目出候、兵仗事尤可被成　宣旨候、明日可被持參候、雖吉書以前、不可有子細之由、內々候也、恐々謹言、

八月廿八日　　家尹

上卿　三条大納言〔實音卿〕

貞治六年八月四日　　宣旨

前刑部權少輔

從四位上藤原業清

宜任大膳權大夫、從四上和通清替

藏人頭右大弁藤原嗣房奉

鷹司冬通關白氏長者隨身兵仗の宣旨

被遣町野遠江前司、　折帋也、

八月廿七日關白　宣下、

以左大臣〔鷹司冬通〕藤原朝臣

爲關白氏長者、

同日隨身兵仗
宣下、
右中弁藤原朝臣宣方傳宣、權中納言藤原朝臣忠光宣、奉　勅、從一位藤原朝臣宜
後日官勢注進局勢、
如舊令內覽万機者、
貞治六年八月廿七日　主殿頭兼左大史小槻宿祢兼治奉

二條良基の內覽宣旨

藥王寺住職

廿九日、癸酉、天晴、今朝家君以狀被示遣藏人右中弁宣方云、藥王寺住職(マヽ)事、今日於本所可有御沙汰之處、不可有御參由、奉候之由、彼僧頻歎申候、相構片時御參候者、畏入候之旨、令申之趣也、難治故障候、明日候者、可構參之由、勘付了、此次御牛□□(不指)合者、可□(借)給云〻、則雖取來、只今參二条前殿下之間、不進之由、被答了、

師茂二條良基に隨身兵仗の宣旨を持參す

午剋家君着朝衣、參二条前殿下給、是隨身兵仗如舊之由、成　宣旨、被持參、件宣旨加礼紙入莒、中次遲參間、月輪中將家尹朝臣內〻進入之、目出之由、有御返事、被返空莒、次令

藥王寺住持職未だ定らず

向藏人右中弁宣方宿所、對面申、藥王寺住持職事被示之、今日沙汰不定欤、明日候者可參、殊可得其意云〻、

師茂鷹司冬通の關白を祝ふ

次令向藏人左少弁仲光(廣橋)宿所給、對面申、鷹司殿詔事被賀之、仲光只今自殿下退出之間、

着布衣、仲光語申云、詔事寂勝講以前武家　奏聞之處、自二条殿菟(マヽ)角被申延、于今延引

勸學院領遠江國淺羽庄安堵の長者宣

云々、家君被示云、淺羽庄事、可被成安堵長者　宣之由、只今付平少納言(棟有)進入候、執事未存知之間、昨夜申次間、先付進少納言云々、可書進長者　宣之由、被仰下候、可被置人云々、明日可進取之由、被答了、仲光被補執事云々、

山城國所領を實玄に打渡す

次參近衛前殿(道嗣)給、平宰相(安居院)行知朝臣申次、可有御對面□處、聊御物忩之子細有、後日可被參云々、宰相語申云、一乘院殿(實玄)可有御渡之間、被取乱云々、雍州御領等七・八ヶ所被打渡云々、若便宜之地候者、被立替芋河之様、可得御意之旨、被示之了云々、

松田貞秀

今日法皇寺(空照房)長老來臨、散在田畠等事、奉行松田八郎(貞秀)左衛門尉未出御教書云々、

布施康冬權少外記拜任

今日善覺向布施彈正大夫資連宿所之處、子息康□(冬カ)拜任權少外記事、武家免狀　宣下、口宣西園寺執行等見申之間、写留被返了、自當局可成賜　宣旨之由、雖令申上卿、不被下知者、難成進　宣旨、其故者、宣旨ニ載上卿間、上卿無施行者、不可叶、口宣案分明職事爲自筆之上、可直補任之由、被答了、

今安保返抄

「(頭書)今朝今安保返抄書賜之、

淺羽庄安堵の長者宣

今日淺羽庄安堵事、書內々狀、被付平少納言棟有朝臣處、則披露、可書賜長者　宣旨、被仰執事藏人左少弁仲光了、

痢病未だ癒えず

今日時正結願也、予痢病所労未得減之間、不及精進魚食、」

二條良基随身兵仗の宣旨

加礼紙

権中納言従三位兼行右衛門督藤原朝臣忠光宣、奉　勅、従一位藤原〔二條良基〕朝臣随身兵仗
如舊者、

貞治六年八月廿七日　　大炊頭兼大外記下総守中原朝臣師茂 奉

鷹司冬通關白宣下

乘朝法親王宣下

卅日、甲戌、天晴、今朝左中弁長宗〔葉室〕朝臣進状於家君曰、其後久不申承、何条御事候乎、以
御出行之次、一日心静可述舊懐之由、思給候、兼又關白并親王　宣下次第、片時借給候
哉、令書写、早速可返進候、愚本故大納言〔葉室長光〕時、或仁借請候て、遂不返賜候云々、不可説候、
さても博陸事□〔弥〕重候歟、職事仰詞古來不同候乎、或又加年号事間候歟、不審候、相構兩

改元定延引

條次第必々可申請候、可令馳秀〔マヽ〕筆候也、改元定延引候歟、眞實可爲何比候哉、何乎被催
候之間、可參陣之由、領狀候了、縱令吉書爲奏聞候歟、其外弁官强無其役候歟、千万期
後時候、端書、御報必可令勘付給候也云々、被答云、恐鬱之間、仰旨悦承候了、此間觸穢

關白宣下の急劇なるに驚く

之由承及候之間、久不參申候、恐恨候、以便宜可參申候、兼又關白并親王　宣下次第事、
不可有子細候之處、別不所持次第候、以如記録、每度申沙汰候、今度關白　宣下事、廿
七日俄被仰下候之間、仰天候き、職事仰詞古來不同候、改元定事、其後無被仰下之旨候、

白痲拂底

重光寄進屋敷田畠を寺家に打渡す

堀川尼の追放

遠江國淺羽庄安堵

斯波義將越前國より上京す

田井保返抄

佐々木山內兩氏の系圖

藥王寺住持職の治定

弁官御參事、如仰赦幷吉書析□〔候〕欤、每事可參啓候、端書、白痲拂底仕候之間、狀躰恐存候、仰御免候、
今日法皇寺長老來臨、重光寄進屋敷散在田畠事、被成判形御教書、可沙汰付寺家雜掌之由、被仰侍所奉行松田八郎左衞門尉、鳥目廿貫文被引奉行、此內且十五貫文致沙汰、出御教書了、殘五貫近日可被致沙汰云〻、御教書文章無所殘欤、
今日下一房進狀於家君、是堀川尼對下一房、於寺構不宜之間、此間可被追放之由、連〻被申之、而于今無沙汰之間、今日重以狀被申之、爲之如何、
今朝家君淺羽庄安堵長者宣被遣、取付使書進了、
傳聞、今日治部大輔義將自越前上洛云〻、□〔仍カ〕新左衞門同道之云〻、
〔頭書〕「今朝田井保返事書賜之、元仕丁下向、
今日專阿來、佐々木・山內系圖所望間、挑之、難去令申之間、□〔領カ〕狀了、羞一提了、
今夕良智房來、昨日□〔藥〕王寺住持職事、依奉行前刑部權大輔資尚朝臣所勞、無沙汰云〻、
定日治定者可申云〻、
入夜大判事納乘納文書櫃〔マヽ〕・皮子廿三合預進家君文□〔庫〕了、」
〔裏書〕「卅日

九月公事
平座 四﨟、皆參、
例幣 一﨟
廿九日國忌 二﨟
奉幣 一﨟
御卜 四﨟
政 付内文請印 一﨟
除目 一﨟
日時定 四﨟
行幸 二﨟
官奏 二﨟
宣下 四﨟
着陣 二﨟
免者 四﨟

一﨟 康隆
二、 師興
三、 倫義 武家仁之間除之、
四、 良種

勸學院領遠江國淺羽庄の安堵

勸學院領遠江國淺羽庄任相傳、知行不可有相違者、殿下御氣色如此、仍執達如件、

貞治六年八月廿九日　左少弁（執事仲光）判

四位大外記殿

執事御奉行不存知候之間、爲早速言上候、御慶事、師茂參仕之時言上仕候了、猶〻目出存候、抑遠江國淺羽庄事、代〻相傳知行地候之間每度申下安堵長者宣候、任先規、被成下候之樣得御意、可有申御沙汰候乎、恐惶謹言、

八月廿九日　師茂　狀

平少納言殿（棟有朝臣）

三善康冬權少外記を所望す

將軍家判

權少外記所望事、可令申公家之狀、如件、

貞治三年十二月廿七日

布施善太殿

銘内大臣

三善康冬權少外記所望事、武家免狀副姓名注文如斯、可令申沙汰給之狀、如件、

二月廿日　　　　　　內大臣實俊公御判

頭左京大夫殿

上卿右衞門督忠光卿

貞治五年二月廿一日　　宣旨

三善康冬

宜任權少外記、

藏人頭左京大夫平行知奉

」

【紙背文書】

○廿日紙背、

恐欝之處、悅奉候了、以便宜可參拜候、

抑來十六日袍事、去正月四品之後、未沙汰出候、出仕之每度方〻借用候、返〻恐恨候、

五位者不知行方候、向後可奉候、恐〻謹言、

七月十三日　　道熙

大乘寺僧田井保安堵を訴ふ

○十九日紙背、

田井保法花嶋大乘寺々僧等重々謹言□〔上〕

欲早被垂御哀憐、任先日御寄進、□名本年貢預御寄附、致長日不退□忠節間事、

右當寺大聖釋尊安置伽藍鎭守山王・□・八幡・天滿・弁才五所靈社也、然而毎日□御祈禱、自草創古至于今、樂一名依地□寄附、以其力、如形令相續、佛法惠命、雖致御□忠、依近年動乱、相寺中度々追捕寺僧等、以□弊侘傺失術、計難寺住之上者、始被立御□成御祈願、爲本年少分之上者、一円預御寄□者、弥賽家御繁榮、現當二世求願円滿、□爲致無二精誠祈願、且言上如件、

貞治六年六月　日

○十八日紙背、

遙久不中承、安事□積欝候、便宜之時□相構可有來臨□、

補歴

抑補歴進之候、直□候哉、殘暑寂中□無心事候哉、諸事□〔不カ〕違、日來可申承之□存候、

可令御同心候欤、事□期面謁候、恐〻謹言、

七月廿二日　　顯□

○十七日紙背、

積欝之處、芳問□殊本望候、記錄所□□無人寂中、御紛（マヽ）骨□不具察中候、

春日社神木動座

抑御袍事、御當職□□不致調欤、一具候之□去年神木歸座□□春日御師權預延隆□
申出之由、奉及之了、○以下闕文、

○首闕文、

補任歷名

于後出來、雖不定候、忩可申試候、不可有等閑也、兼又補任歷名一帖進□□、以御
障直給候者、可悅入□□、今夕年預他所、此間召□候之間、相積候、殘暑時分以□
□心、雖不被忩候、可直給候哉、併期面謁候也、謹言、

七月六日　　□□

○十四日紙背、

自是可申之□〔由カ〕存候之處、御札之□承悦候、一日相□〔構カ〕可被御尋候、抑補任歴名直□候了、喜悦之外□他事候、定御忩劇□處、無心之至、難申盡候、他事期面□、恐々謹言、

八月三日　　顕□

○十三日紙背、

補任歴名直給候了、久不直付本候間□□歟、参不申、早速御沙汰結句送給之条、殊悦入□、又殿中御恩事度々申入候了、更不可存等閑候、以便宜□申□□、併期参會□、

○以下闕文、

○首闕文、

令申之處、御許容悦入候、併期参會候也、謹言、

七月十三日　　□□

○八日・九日紙背、

以事次申承候、爲悅候、

抑御袍事、一昨日參□之次候之間、內々尋申女房之處、本社司申出候之、□〔其〕後無御要

候間、未被□〔調〕由、被申候、無念候、兼□〔文〕補歷事、不願無心 ○以下闕文、

〔第六十二巻〕

「(包紙貼附)貞和(治)六年　九月」

○上記は後筆、

九月

一日、乙亥、天晴、無射朔季秋候、所願一ゝ可成就月也、子孫繁昌、壽福増長、朝恩重疊、毎事物□(吉、)幸甚ゝゝ、

四辻善成帯劒の宣旨

今日宣旨三通到來、一通上卿三条大納言實音卿、二通新中納言實綱(正親町)卿也、則被出請文了、二通内一通、四辻中納言善成卿帶劒事也、件卿去十八日寂勝講出仕、仍於請文者守到來日、被出於　宣旨者十八日之由被載之、件參役之故也、宣旨注左、

空照房散在名田替の申狀

斯波義將越前國より上京す

今日法皇寺長老空昭(マヽ)上人來臨、散在名田畠替申狀所望之間、予清書申狀、具書音博士清(中原師興)書之、其後、被歸了、長老被語云、故修理大夫入道(斯波高經)ゝ朝子息治部大輔義將自越前上洛歟云ゝ、依御免也、

「(頭書)今日官務(小槻)兼治去月寂勝講日時僧名并日々參仕公卿以下注進家君、昨日被尋問之故也、今日藏人左少弁仲光(廣橋)觸申家君云、重陽平座、任例可被催沙汰云々、可加下知之旨、被出請文了、」

源光綱任官の宣旨

口宣一紙 源光綱宜任治部丞、藤原氏綱宜任兵庫權助事、獻之、早任仰詞、可被下知之狀、如件、

八月廿九日　權大納言 實音卿判

四位大外記局

藤原氏綱任官の宣旨

貞治六年八月廿四日　宣旨

源光綱

宜任治部丞、

藤原氏綱

宜任兵庫權助、

藏人右少弁藤原(葉室)宗顯 奉

跪請
宣旨
源光綱
宜任治部丞、
藤原氏綱
宜任兵庫權助、
右　宣旨、早可令下知之狀、跪所請如件、師茂誠恐謹言、
貞治六年九月一日　　大外記中原師茂 狀

口宣一紙奉之、早可被下知之狀、如件、
八月十八日　　權中納言 實綱卿判
四位大外記局

四辻善成帶劔聽許の宣旨

貞治六年八月十八日　　宣旨
權中納言源朝臣（四辻善成） 善

宜令聽帶劒、

権中納言藤原 判奉

謹請

宣旨

権中納言源朝臣 善

宜令聽帶劒、

右　宣旨、早可令下知之狀、謹所請如件、師茂恐惶謹言、

貞治六年九月一日　　大外記中原師茂 狀

権中納言源朝臣善成

権中納言從三位藤原朝臣實綱宣、奉　勅、件人宜聽帶劒者、

貞治六年八月十八日　　大炊頭兼大外記下總守中原朝臣師茂 奉

口宣一枚 源安元・平義胤等任官事、 奉之、早可被下知之狀、如件、

八月十二日　　　　　　　　　権中納言 実綱卿《》判

四位大外記局

源安元任官の宣旨

貞治六年八月十二日　　宣旨

源安元

宜任弾正忠、

左衛門尉義胤 姓被書落歟、

宜任能登権守、

権中納言藤原 奉判

謹請

宣旨

源安元

宜任弾正忠、

平義胤任官

左衛門尉平義胤

宜任能登〔元闕〕權守、
右　宣旨、早可令下知之狀、謹所請如件、師茂恐惶謹言、
貞治六年九月一日　　大外記中原師茂狀

重陽平座

「（裏書）一日
重陽平座、任例可被催沙汰狀、如件、
八月廿六日　　左少弁判
（師茂）四位大外記殿
重陽平座、任例可令催沙汰之由、可加下知候、仍言上如件、
九月一日　　大外記中原師茂狀」

二日、丙子、天晴、申剋許聊風吹、酉剋雨下、無程休、
今朝家君鳥目二連賜之、本意之由、言上了、

葛野御稲より借米

今朝借中家君人夫、遣葛野御稲、米四斗本器借寄之、定使左近太郎（友永）所勞之間、代官并源次郎等遣之了、及晩歸來、又草代二百七十文催促進之、

堀河尼を逐ふ

「（頭書）今日堀河尼被逐出、是下一房不可召仕之由、連々被申之故也、爲之如何、」

「（裏書）二日

近衞良昭一乘院に入室す

今日近衞前關白（道嗣）殿下御息（良昭）六歳御入室一乘院析、御下向南都、自平宰相行知朝臣（安居院）宿所
唐梅堂御出立云々、前殿下令渡彼宿所給云々、後日行知朝臣語申家君、」

三日、丁丑、天陰、巳剋雨降、無程休、未剋屬晴、

今日下一房・爲佛房被參大方、一時之後、被歸寺了、

駒引の期日

今日頭右中將公時朝臣（三條西）觸申云、駒牽可爲來九日、任例可被催沙汰云々、可加下知之旨、被出請文了、

空照房來訪

今日法皇寺長老來臨、被語云、只今罷向大判事（坂上明宗）宿所之處、出仕使廳之由、返答之間、歸云々、歸宅之後、重可向、其程被雜談、及晩不歸之間、法皇寺長老被歸了、明日可向云々、

大炊寮領東九條御稻の供御米を抑留す

今日東九条御稻內但馬房抑留御米事、重申狀被付藏人右中弁（中御門宣方）了、

葛野御稻寄米を借る

「（頭書）今日一飯賜源左衞門尉（國隆）、此間妻室（侍從）產之間、補徒然之析也、
今日源左衞門尉昨日自葛野召寄米內一斗本器申請之間、借給了、」

駒引

「（裏書）三日
駒牽可爲來九日、任例可被催沙汰之狀、如件、

九月二日　　右中將 判（公時朝臣）

四位大外記殿

駒牽可爲來九日、任例可令催沙汰之由、可加下知候、仍言上如件、

九月三日　　大外記中原師茂 狀

但馬房東九條御稲の供御米を抑留す

大炊寮領山城國東九条御稲田内、但馬房抑留供御米事、雑掌重申狀副具書進覽候、子細見狀候歟、被成嚴密綸旨、於寮家加下知候之樣、可有洩御奏聞候哉、仍言上如件、

九月三日　　大外記中原師茂 狀

進上　藏人右中弁殿

西園寺公重南朝に於て薨ず

(裏頭書)『後聞、今日前内大臣正二位藤原(西園寺)公重公於南方薨去云々、』

四日、戊寅、天陰、辰剋以後雨下、午剋已後休、其後陰晴不定、時々細雨下、入夜休、

空照房鴻臚館名主職を訴ふ

今日法皇寺長老來臨、鴻臚舘名主職事、大判事明宗進下文於長老、津村寄進内也、任析五百疋被致沙汰云々、

斯波義將足利義詮に見ゆ

今夜七條修理大夫入道〻朝息治部大輔義將參大樹（足利義詮）、對面云〻、自去年八月親父相伴有越前城、而去七月禪門入滅之間、被免許之故也、兄弟若黨等未在越前云〻、

五日、己卯、天晴、時〻細雨下、今日㝡勝講散狀被尋問藏人右中弁宣方之間、注進之了、

妙法院宮の補歷

今日自妙法院宮被下御補歷、於局勢可被直進云〻、又除目每度可被進云〻、忩可直進之旨、被進請文了、

南北山科御稻に瓜代等を催促す

今日源次郎遣北山科御稻、瓜代又且五十文催促進之、又遣南山科御稻木幡供御人彥三郎許、米少〻可致沙汰之由、仰之、今明之程可沙汰進云〻、

東九條御稻の供御米抑留を訴ふ

（頭書）「今日大炊寮領東九条御稻內、但馬房分御米事、重申狀被付藏人右中弁宣方、忩可申沙汰云〻、」

六日、庚辰、天晴、申剋天陰雨下、則止、

亡父の月忌

今日先考（師右）月忌也、備靈供、予此間依痢病所勞、食菲（マヽ）之間、不唱光明眞言、念佛一万反唱之、訪御菩提者也、

今朝日阿弥參入、賜飯、

今日下一房・爲佛房參入、一時之後、被歸寺、

記錄所庭中雜訴行はれず

今日記錄所庭中幷雜訴不被行、兼日不及相觸也、

九月節に入る

今日入九月節、

（頭書）「今日官勢兼治進狀、六月十三日已後臨時宣下幷關白氏長者幷關白宣旨所望間、被書遣之、補歷本事被借召仙洞間、不付御使由、被答之、」

田原御稲より節供料等到來す

七日、辛巳、天晴、今日家君不被修北斗百度、產行觸無何有之間、被略之、

今日自田原御稲九日節供粁幷栗三斗・籠栗三到來、則被出返抄、

今日田原栗一鉢・折二賜之、又栗別被賦大炊權助（中原師豐）、

今日田原栗一鉢被出〻居、

空照房の鴻臚館名主職安堵

今日法皇寺長老來臨、鴻臚館名主職事被安堵間故、可賜家君狀之由、大判事令申、仍被書与長老了、明旦可持向大判事許云〻、件狀名主職法皇寺住持空照房安堵之間、進請文之上不可有子細、万一不法懈怠事候者、奉可加問答之趣也、寂初此事被口入之故也、

細川頼之讃岐國より上京す

今日中國大將細河右馬頭源頼之上洛、先着嵯峨云〻、大勢云〻、自讃岐國上洛歟、

土岐直氏母の病に依り美濃國に下向す

（頭書）「今朝土岐伊与守直氏下向濃州、母儀所勞□急之故云〻、」

八日、壬午、天晴、入夜間細雨下、今日予不精進、不及所作、食菲（マヽ）之故也、

泉涌寺舍利會

今日泉涌寺舍利會如例、吴形制止之間、不及結緣、

奥山田御稲の節供料到來す

今夕自奥山田御稲節供折廿五合到來、此次早米五斗、又栗籠三・ツカリ栗五升本器・皆籠

十二（此内柿少〻入之）到來早、幸甚〻〻、先年流失之後、公事物減少以外也、早米夫丸賜酒直廿文了、庄方早米以下同到來云〻、預所賴惠也、

今夕助教殿（中原師秀）女房（古爾）予息女自產所混合、昨日滿卅ヶ日了、

南山科御稻の供御米到來す

今日自南山科御稻內木幡御田供御人彥三郎、御米五斗持來、收納以前之間、持參難義（マヽ）之由、雖令申之、定使再三令申之間、持來云〻、賜酒一提、別儀又收納以前引違借進之由、令申之間、不取員、竈神米者如形取之、木幡御田壹段大分米一石三斗三升三合也、志大炊權助師豐之間、取之了、

竈神米

今日家君不被修囘幡堂百度、產穢昨日雖滿卅ヶ日、被斟酌歟、

「（頭書）今日家君善覺宿所被借召、是御妾物產所粁也、予仰之、申領狀了、

佐々木氏系圖

今日專阿來、先日所望佐〻木系圖、書出、新本共返之了、

院田點札

今夕院掌國弘（中原）參門前、予對面、院田點札事令申之、以便宜可申旨答了、」

九日、癸未、天晴、未一點雨下、則止、今朝奧山田御稻返抄賜之、

早米を賦る

今朝栗以下賦之、見文書、又早米內二斗（政所）進家君、又五升遣助教殿方、

夫人の節供なし

今日大方節供无之、依不具也、近年如然、

今日內御方御節供不及被仰下、近年之儀也、

豊嶋北條仕女役

是日記録所召次行包・有末來申、節供今日不及沙汰、但豊嶋北条仕女役月節供百文切賜了、予分不及申、察不具歟、

淺羽庄より公用料を納む　鰹干　唐納豆

今日柴入(重西)道進狀、淺羽庄內岡村、明年公用七貫五百文沙汰進之、又茶十袋・鰹干・菀(マヽ)・唐納豆・鰹納物等志進之云〻、

師茂重陽の儀に參ず

入夜、戌剋家君着朝衣青朽葉下籠(マヽ)、玉帶、檜、參陣給、依平座見參也、

平座

平座上卿權中納言藤原實綱卿、位次納言・宰相不參、少納言菅原(東坊城)秀長朝臣・左中弁藤原(葉室)長宗朝臣・左少弁同仲光(廣橋)□(藏)人奉行・大外記家君・左大史小槻兼治・權少外記清原良種書博士等參陣、六位史・官掌・召使等不參、上卿於奥座召外記良種、候小庭、被問上﨟參否、宜陽殿勸盃一獻云〻、仲光役之、見參祿法如例、見參被下少納言、〻〻下外記、祿法被下弁長宗朝臣、〻〻下兼治云〻、

大炊寮饗饌

大炊寮饗饌如形用意、被持之、丑(子)斜被始行之、

駒引

次被行駒牽、式日延引、上卿以下同前、次將左中將藤原(四條)顯保朝臣、其儀如例、左中弁長宗着顯保上、官位共上首也、少納言秀長不着座、有所存歟、御馬一疋有之、被進神宮、而被借渡上卿取之云〻、奉行職事頭右中將藤原公時朝臣、

鷹司冬通の吉書の儀

今夜於殿下有吉書云〻、殿下(鷹司冬通)御出坐(マヽ)、先官方左中弁長宗朝臣、次藏人方頭右大弁嗣房(萬里小路)朝臣、

大東大藏彈正南山科御稻に點札を立つ

禁中に御樂あり

鹽鯛

合見參

次政所藏人左少弁仲光執事云〻、先仲光於内裏下吉書於權中納言實綱卿、是所勞之間、久不出仕、仍故下吉書云〻、

（頭書）「今日南山科御稻沙汰人來、是御田内法道作二反内一段、大東大藏彈正點立點札、是父大東大藏、先作人源次郎之時有借物事、書入彼御田之處、不致沙汰間、就質物立點札云〻、沙汰人□□□□（大東妻女カ）歟、□（奉）行之上者、一族事也、嚴密可加問答之由、被申了、

今夜於　禁裏有御樂、樂人候庭上、三条大納言實音□（卿）笛、園中納言□（基カ）隆卿候御縁云〻、簾中琴、　主上（後光嚴院）箏云〻、自一日今月中可有云〻、

駒引參仕顯保朝臣入見參、良種（清原）所爲不審、可除歟、

今朝大炊權助師豐塩鯛一隻志之、幸甚〻〻、」

（裏書）「九日

合見參次侍從五位已上

從　一　位　（二條）良基公　前關白、前左大臣、內覽、

關　白　左　大　臣　冬通公　從一位、詔以後未無御拝賀、

權中納言藤原朝臣實綱　從三位、

正四位下藤原朝臣公時　藏人頭、右中將、

従四位上藤原朝臣顯保〔左中將、參駒引次將也、〕
従四位下菅原朝臣秀長〔少納言、〕
貞治六年九月九日

合見參非侍従五位已上
正四位上中原朝臣師茂〔大外記、大炊頭、下總守、穀倉院別當、〕
正四位下藤原朝臣長宗〔左中弁、〕
従四位上藤原朝臣嗣房〔藏人頭、右大弁、〕
正五位上藤原朝臣仲光〔藏人、左少弁、奉行職事、〕
正五位下小槻宿祢兼治〔左大史、主殿頭、〕
菅原朝臣冨長（東坊城）〔大內記、殿上、〕
貞治六年九月九日

合見參五位已上
大臣二人　析綿五百屯　各二百五十屯
中納言一人　析綿百五十屯

四位　六人　析綿百八十屯　各三十屯
五位　三人　析綿六十屯　各二十屯
應下
綿五千五百屯
用
綿八百九十屯
殘
綿四千六百十屯
貞治六年九月九日

信濃國より望月の馬を運ぶ

解文案
運送　信濃國望月御牧御馬事
合
壹疋　黑鹿毛
壹疋
壹疋

右京職
借牛
藥王寺住持職

壹疋
壹疋
壹疋
壹疋
壹疋
壹疋
壹疋

右、依例、望月御馬運送如件、

貞治六年八月十六日

十日、甲申、天晴、今朝家君以状被示遣大博士宗季（清原）云、去夜平座四﨟外史（清原良種）參陣目出候、見參祿法可注賜候、顯保朝臣參駒引之上者、可被除見參之由、可有御傳候、次□（駒）牽解文正文可渡賜之趣也、返事云、見參祿法注進候、顯保事已入見參、經奏聞候之間、書載之由良種令申候、駒牽解文正文進入之由也、分配外記爲所爲之上者、不及重問答也、

今日藏人右中弁宣方進狀云、就右京職事進狀候き、定被御覽候欤、明日指大切候、御牛片時可借給候、微牛病惱事候之間、如此令申候、藥王寺事、明日可有沙汰候之間、爲參

東九條御稻の抑留

候也云〻、先度御狀未拜見候、明日御粁微牛事、可進候、可賜取候、東九条御稻但馬房抑留分事、急速申御沙汰候者、畏入候、彼沙汰事、被懸御意候者、悦入候、憑申御意見之由、令申之由、被答了、

空照房上京來訪

今日法皇寺長老來臨、今日自法皇寺出京云〻、則被歸宿了、

仙洞の補歷

是日自仙洞被借召補歷本、爲北小路前中納言敎光（武者小路）卿奉行被返下、此次彼卿被示家君云、

三屋保
土岐直氏の美濃國下向

三屋保事、一途可申之由、存候之處、依母儀所勞、伊与守（土岐直氏）下向濃州、十日暇被免之、上洛者可申驚云〻、被進請文云、補歷本被返下候了、被申出御本可被下候、可直進上候、三屋保事、被懸御意、如此蒙仰候、畏入候、一途候之樣、預御口入候者、可畏存之趣也、

乙訓上村御稻半濟
布施資連

（頭書）「今日下一房來臨、則被歸了、自然令通之間、音信、不及飯沙汰候也、
今日御前沙汰有之、乙訓上村御稻內冨坂御稻兵庫助入道跡之輩、半濟事令披露云〻、
奉行布施彈正大夫資連云〻、」

右京職點札

十一日、乙酉、朝間晴、午剋已後陰、未剋以後雨下、間止、入夜終夜降雨、
今朝藏人右中弁宣方雜掌參入、以弁狀、是右京職巷所二条朱雀・三条坊門朱雀兩所田地、穀倉院〻掌國弘立點札事也、彼兩所注折帋進之、仍可停其煩□□（之由）書下知、副注進折帋書銘封裏賜雜掌了、

今日藏人右中弁取家君牛、可參一条殿析云〻、

空照房西市町名田を訴ふ

今日法皇寺長老來臨、是西市町名田畠事、三条大納言實音卿定使彼沼田入道不可隨法皇寺下知之旨、相觸地下之間、只今參向三条亞相之處、被對面之間事次第、委細令申、仍書賜目安之由、亞相被示之間、彼目安爲申談來臨云〻、則整目安、重可持參彼第之由、被語之、

土岐賴康の召待に依り足利義詮父子賀茂に赴く

今日大樹被渡賀茂、子息(足利義滿)幷室家(澁川幸子)等同被渡之云〻、大樹騎馬云〻、是土岐大膳大夫(賴康)入道招引之云〻、

賀茂に於て喧嘩あり將軍邸を警固す

今夕酉剋武士等馳參大樹第、是於賀茂喧嘩事出來之由、有其說、又猶種〻說滿巷、而無殊事、大樹酉斜被歸宿所、靜謐、神妙〳〵、

平座

今日藏人右少弁宗顯(葉室)觸申云、平座任例可被催下知云〻、可加下知之旨、被出請文了、

葛野御稻の草代を催促す

(頭書)「今朝左近太郎(友永)代官相副源次郎、遣葛野御稻、草代爲催促也、□(及)晩歸來、百七十五文催促進之、

例幣使經費不足に依て延引す

今日例幣延引歟、兼日不及被觸局勢也、析足未到故歟、

西園寺實俊右大臣を辭す

(裏書)「十一日

今日西園寺右府(實俊)被上表大臣、依所勞也、不及表儀、內〻付頭右大弁嗣房朝臣上表云〻、」

平座、任例可被催下知之狀、如件、

九月十一日　右少弁 判

四位大外記殿

平座、任例可令催下知之由、可存知候、仍言上如件、

九月十一日　大外記中原師茂 狀

」

十二日、丙戌、天陰、雨下、酉剋休、

今日故女房月忌也、備靈供、唱念佛六百反訪(マヽ)、予此間食菲(マヽ)之間、不唱光明眞言之故也、

今朝藏人右中弁宣方進使者、以詞、昨日御牛悦入之由也、

豐嶋北條仕女役

今朝嶋下仕女、先日令申役夫工米、以公方御年貢可立用申之由、令申之間、彼返事內膳御炊賜之、今日可下遣之由、令申、又供御無沙汰事・寮役無沙汰事等条、被仰遣之、此目代國弘(中原)不被召仕、同被仰之了、

今安保の早米到來す

今日今安保早米到來、五駄半、今一駄未進、是ハ半濟分也、

藥王寺住持職の始末

今日良智房來、藥王寺住持職事、昨日逢沙汰了、

最勝講二日目の禁中喧嘩の處置を問ふ

是日家君以狀、去月十九日寂勝講第二日、於禁裏喧嘩之時、穢有無、被尋兩明法博士了、

彼注進被尋問大判事明宗之處、注進了、

藥王寺住持職爭論の處置

今日自一条殿(經嗣)、爲前刑部大輔資尚(高階)朝臣奉行、妙專上人与卽心上人相論藥王寺住持職事、一問答訴陳被下家君、可被申所存之由、被仰下云々、此事昨日於一条殿有沙汰、大略妙專房所申有其謂之由、一同、然而猶可被尋兩局之由、有沙汰歟、被申請文云、妙專上人与卽心上人相論藥王寺住持職事、相親僧妙專房弟子一分候間、難申意見候、仍訴陳則返上之趣也、

「(頭書)今夕侍從局來、此間産之間不來、昨日滿卅ヶ日之故也、」

女子誕生

十三日、丁亥、天晴、今曉卯剋青女被渡産所、依氣出來也、終日無産之間、無心元之處、入夜戌一點平産、女子、無爲、幸甚〳〵、竹刀等源左衞門尉國隆造進之、

今安保早米を納む

今日今安保早米被檢納之、目代未補之間、竈神米被加、惣納所支配云々、納所五人也、元六人、目代國弘被追出之後、無新加之間、五人也、則賜返抄、

右京職の點札

今日院掌國弘先日右京職巷所事、被下御教書之間、進請文、而□有支證、可致訴詔(マヽ)、先於點札者、可令拔□□□□(之旨、被仰了、)

芋會

今日芋會有之、家君被出一連於出居了、

入夜、院掌左衞門尉國弘參、同前右京職巷所點札事令申、所詮不拔點札者、可爲難義、

先拔點札、可致訴詔(マヽ)之由、被仰了、
「(頭書)自今日予食物仰付大宮了、
入夜赤子遺産所、」

南山科御稻の點札
泉涌寺瓦堂押領
將軍判形御教書

十四日、戊子、天晴、今朝源次郎遣南山科御稻、山田二段點札事、於今年者可閣之由、仰遣沙汰人許了、泉涌寺瓦堂押領下地事也、

大炊寮領乙訓上村御稻の半濟押領を停止す

今日乙訓上村御稻上〻野郷御田兵庫助以□(下)半濟押妨事、大樹判形御教書被成之、奉行布施彈正大夫資連也、今度就嚴法、西山邊半濟悉被破之云〻、

洞院實守南朝より上京す

今日洞院前大納言實守卿進狀於家君、自南朝出京、居住北野邊、面拜大切云〻、彼卿於南朝号右大臣云〻、洞院故内府實夏公跡微弱之間、依彼遺跡事上洛歟、使者語云、去月下旬之比上洛云〻、則被答了、注裏、

今日予以狀、去夜誕生女子勘文相尋陰陽大屬久盛之處、物詣之間、不注進、明日可賜取云〻、

細川賴之嵯峨より出京す

今日申剋、細河右馬頭賴之渡住六角万里小路四条坊門与六角間東頬、細川御局里、此間居住嵯峨、今日出京云〻、

頓寫

今日來廿三日頓写析木被取之、

今安保の早米

「（頭書）今朝米二斗家君賜、今安保早米也、悦申了、又和布五丸賜之、是青女産之間、可入歟之由、示奉、本望令申御返事了、
今日下一房・朗一房參入、爲被修別時也、
今夜大炊權助（中原師豐）用意味噌・水、補予徒然了、」
「（裏書）十四日

乙訓上村御稲半濟の押領を停止す

大炊寮領山城國乙訓上村雜掌國隆申上、ゝ野郷御稲田事、上野兵庫助・太郎左衛門尉・中勢丞等、号半濟押妨云ゝ、早止其妨、可沙汰付雜掌之狀、如件、

貞治六年九月十日　　　　　　　　　　　　　將軍判

今河伊与前司（貞世）殿

表書

今河伊与前司殿　　　義詮

洞院實守面談を師茂に報ず

上洛之後、可申旨乍存、計（會）□之間、閣筆候了、綺与情參差至候、暫此北野社邊經迴候也、相構近日參社之次候へかし、多年蓄懷非翰墨之所覃、尙ゝ条ゝ期面拜候、且命中得再觀之条、爲老幸之狀、如件、

九月十四日　　　　　　　　　　　洞院前大納言實守卿判

四位大外記殿

仰旨、跪奉候了、御上洛事、更不存知□〔仕カ〕候之間、不及言上候、恐恨仕候、伺便宜、可參入言上候、故如此蒙御定候之条、畏存候、御出京殊目出候、旁近日之程、可參上候也、師茂誠恐頓首謹言、

九月十四日　師茂 狀」

平座

〔裏頭書〕『今朝文殿代助豐〔和氣〕參入、藏人右少弁宗顯可申旨、先日參□之次被仰候、平座六位外記誰人參候哉、分明可奉散狀之由、可參申旨候、未出分配、忩可出分配之由、被荅了、此次助豐語申云、去月大乘院殿御弟子維摩講師宣旨、持參南都處、綱所執行未到之間、遲々、今月二日被請宣旨、大乘院御弟子〔教尊〕御出坐〔マヽ〕、助豐着束帶、入宣旨於莒覽之、被物一帖被下之、然而講無用意、用途百疋被下之云々、綱所使鎰取被下被物、裏同代五連賜之、又一人綱所被官被物・裏半被下之、同代物五連欤被下行之、於當時薄衣一被出之、以此析足被取替云々、』

教尊維摩會講師の宣旨

十五日、己丑、天晴、今朝下一房被歸寺、不及被食飯也、

今日家君故女房月忌也、自去夜下一房・朗一房參入、有別時、

南山科御稲の點札

醍醐寺釋迦堂南山科御稲內の小栗栖田を押作す

山名時氏

東九條御稲借米

和田繁實の子若狭國より上京す

今日南山科御稲沙汰人來、故法道作御田二段內一段、大塚彈正點札事令申之、所詮一兩日之間、遣使者可加問答之由、仰之了、

今日南山科御稲內小栗栖前御田三段大、□□□□□〔去比醍醐釋〕迦堂押作事、書目安、數ヶ度　綸旨續之、付三寶院光濟僧正代官平井大夫房、以便宜可申試之由、令申之、善覺持向之間、對面、委令申之、

今日米一斗五升政所遣產所、昨日一斗五升爲交易遣之了、

今日誕生女子勘文遣取之間、注進之、

是日大判事明宗以使者令申家君云、⌈　　⌋聊怖畏之子細候、文書猶可預進御文庫之趣也、件使者使廳下部也、家君直被尋問子細之處、只今指分明之說ハ無之、山名入道〔時氏〕邊事、菟〔マヽ〕角申事等雖不知實否、近ゝ間無何爲用意歟之旨、語申之、被答返事云、御文書事、不可有子細、且文庫散ゝ式候之間、火難非無怖畏、然而家記以下重書納置之上者、賜預可置之□〔旨カ〕⌈　⌋

今日入夜、大判事納乘車樻〔マヽ〕三合・皮子五合・草子二結預進之、

〔頭書〕「今日助教殿於東九条御稲米四斗被借之、以人夫被取寄之、
　今日和田平三繁實子息次男自若州上洛、」

出生女子の諸行事

（裏書）
「
〵昨日戌剋誕生女子、〔目出存思給候、〕〵御勘文可令注進給之由、〔勘申候、尤恐存候、令注進候、〕可申旨候也、〵恐〻謹言、

〵九月十四日　〔久盛〕國隆

（惟宗久盛）
陰陽大屬殿

加礼帋立文進之、

擇申今月十三日戌時御誕生雑□□□（事日時）

造沐浴具日時

今月廿九日癸卯　時卯

沐浴日時

同日　癸卯　時午　可被汲丙方流水、巳与午間、

藏胞衣日時

同日　癸卯　時酉　可被置同方、

御着衣日時

十月廿一日甲子　時巳　可被着青色衣、

御剃髪日時

十一月十六日己丑　時午

貞治六年九月十五日　　陰陽大屬惟宗久盛
」

十六日、庚寅、天晴、入夜天陰、自丑剋許雨降、終夜不絶、

空照房西市町名田畠を訴ふ

今朝法皇寺長老來臨、是西市町名田畠事、長官三条大納言實音卿書目安相傳次第、續(マヽ)具書可進之由、被仰間、目安爲申談候云々、家君只今被欲出仕之間、雖爲留守可整由、被申置、被出仕了、仍整目安被歸了、

洞院實守師茂に家門及び南北兩朝合體を告ぐ

西園寺實俊の病を訪ふ

今日午剋家君着衣冠出給、先被遣寄藏人右中弁宣方宿所之處、物詣之由返答、仍參向洞院前大納言實守卿北野在所給、亞相被對面申、去月下旬之比、自南朝出京、是家門事爲被申所存也云々、南方邊事被語申云々、合躰之儀也云々、次參向西園寺右府(實俊)北山第給、數月所勞間、爲被訪申也、以申次被仰云、依所勞不增不減、去十一日辭申大臣了、不及上表儀、内々付頭右大弁嗣房朝臣、被辭申了、可被存知、自是欲觸申之處、御音信本意之由、被示之云々、

芋川庄替を訴ふ

近衞良昭一乘院に入室す

次令向安居院平宰相行知朝臣許給、當時在所唐梅堂、對面申、芋川庄替事被申之、芋川庄有名無實之間、可被立替便宜□之由也、去二日若君(良昭)御入室一乘院殿、旁計會之間、于□(今)□　□□(入)忩可申試云々、其後歸宅給之次、又被遣寄藏人右中弁許之處、未歸云々、

藥王寺住持職を訴ふ

今日藥王寺長老卽心上人來臨之處、出仕之由返答、仍及晚重來入、家君對面給、是藥王

寺住持職事、依妙專房訴詔(マヽ)、一問答訴陳奉行前刑部大輔資尙朝臣(高階)可被進之由、奉之間、爲申所存也云々、此事去十二日爲資尙朝臣奉行、被下訴陳、可□(申)所存之由、雖被仰候、相親僧□□□□□(妙專房)(弟子カ)一分候之間、難申意見之旨、令申、則返上訴陳之由、被答、然而大概被擇之了、

田井保の交替兵士上京す

「(頭書)今日田井保兵丁替上洛、

今日記錄所庭中幷雜訴沙汰等無之、依無傳奏、今季于今不被行之、

初めて霜降る

今朝霜始降、」

十七日、辛卯、天陰、終日降雨、入夜休、

奥山田御稻御粟園御稻大住庄等の訴訟

今日家君以狀、奥山田御稻田內刑部房乍耕作御田、供御米犯用事幷御粟園御稻、依薪園与大住庄□□(確執)薪園提井口等切之間水損間事、兩条被申　綸旨、彼申狀被付藏人右中弁宣(中御門)方了、忩可申沙汰之由、申返事、此事昨日爲被付被遣寄之處、物詣之間、不被付之、今日所被付也、於奥山田御稻事者、予知行之間、整申狀、付(申)寮頭擧了、

藥王寺住持職の訴訟

今日荒河前彈正少弼詮賴以若黨屋谷三郞左衞門尉國房、藥王寺住持職事、卽心上人所申無相違之樣、可得御意云々、此事可申意見之由、自一条殿(經嗣)雖被仰下、相親僧妙專上人爲弟子一分之間、則時返進訴陳之趣、被答了、

洞院實守の國替希望

今日洞院前大納言實守卿進狀於家君云、昨日來臨本意、向後相構細〻可有音信、兼又國替爲停任否、先規可注賜、且一条(經通)故關白執筆之時所爲不審、可注賜云〻、□□(使者)以便宜進之間、不及返事歸了、

大炊寮領奥山田御稻供御米を納めず

(裏書)「十 廿七日 〻

大炊寮領山城國奥山田御稻供御人刑部房忽緒寮命犯用御□□(米事)雜掌申狀副具書、進覽之、子細見狀之欤、急速被成 綸旨、於寮家全供御備候之樣、可有洩御 奏聞候哉、仍言上如件、

九月十六日　　大外記中原師茂狀

進上　藏人右中弁殿」

十八日、壬辰、天晴、巳剋細雨灑、則止、終日風吹、入夜休、

精進

今日予精進、行水、所作如每月、又自今日始日所作、自去月廿五日至今月十四日、食菲(マヽ)之間、此間不及日所作、

空照房西市町名田畠を訴ふ

今日法皇寺(空照房)長老來臨、家君對面、是西市町□□□(名田畠)事、長官三条亞相(實音)手繼相傳次第、繼目安可進之由、被示間、爲令書目安具書也、

最勝講一日中絶の例

今日㝡勝講一日中絶被何例、去月廿日家君請文幷兩度預進文書目六二通、被書遣大判事

(坂上)明宗許了、畏悦之由、申返事、

借米

今日米二斗政所升借申家君、

六角堂に百度詣を修す

今日家君被修六角堂百度、

是日來月六位分配被遣文殿助豊(和氣)、忩相觸、可申散狀之由、被下知、

妙専に藥王寺住持職を許す

傳聞、今日藥王寺住持職事、被裁許妙専上人云々、御教書後日尋取、注裏、

奥山田御稲早米を配る

(頭書)「今日奥山田御稲早米御上分一紙袋進六角堂、付三位房、賜香水了、

土用に入る

今日入土用、」

(裏書)「十八日

妙専を藥王寺住持職に補す

藥王寺住持職事、就元祁上人之讓附、府卽心上人雖述所存、任建武三年顯智讓狀、貞和四年御教書幷元祁和与狀之旨、所被補之也、早被致佛法之紹隆、須令専寺院之造營給者、一条中將殿(經嗣)御氣色候也、仍執達如件、

貞治六年九月十八日　　前豊前守資尚朝臣判

妙専上人御房

當寺住持職事、被補妙専上人候、文書幷常住寺物等、悉可被渡妙専候之由、被仰

下候也、恐々謹言、

九月十八日　　資尚

藥王寺僧衆御中

」

南山科御稲の入質を調査す

『(裏頭書)今日小舍人紀兵衞尉維弘來、是當時見任殿上人、藤氏許可被注預云々、維摩會時紙ヲ致沙汰、近年無沙汰之間、今年自南都令催促間、可觸申之故云々、則被注遣了、』

十九日、癸巳、天晴、今朝源左衞門尉國隆幷定使源次郎下遣南山科御稲、是供御人法道後家耕作御田二段內一段、先供御人源次郎稱入置借物質、大塚一族立點札□(之カ)間、爲□□(問答)也、法道後家乞請、可全御田之由、令下知之處、猶申子細云々、

伊賀より味噌柿栗到來す

今日自伊賀新居有音信、味噌桶一・柿一籠・栗少々到來、

法皇寺領

今日法皇寺長老來臨、御室被仰法皇寺、寄進寺領不申御擧狀、直訴事、不可有其儀之旨、可被進請文之由也、仍彼請文案被申談了、

頓寫

今日、來廿三日頓写釿々木引整、釿木於藥王寺被置之、代百文、元被召經木、不被引之故也、

小除目

今夜戌剋、爲藏人右中弁宣方(中御門)奉行、有時付御教書、今夜可被行小除目、任例可被致沙汰

云々、則可加下知之旨、被出請文、但分配外記康隆（中原）只今難參陣歟之間、不及下知、近日外記不參時、公人置御硯、召名招職事奏聞之後、置召名於陣座、上卿退出事、一兩度有之歟、難被延引者、如此申御沙汰、可宜之由、被載礼紙了、卽時被下知文殿助豐、令參陣、可申沙汰之由、被仰之了、

日野時光を權大納言に任ず

小除目

今夜被行小除目、上卿權大納言藤原（萬里小路）仲房卿・奉行職事藏人左少弁同（廣橋）仲光、兼奉行藏人右中弁宣方也、而參陣申子細之間、仲光參陣、申沙汰、參議不參間、左少弁仲光書召名、權少外記淸原良種書博士等參陣、史不參、良種非分配、然而前藤中納言時光（日野）卿可任大納言間、內々直語進之、

（頭書）「今日文殿助豐參入、來月維摩前奏文進之、書整檀越（公卿）□□可給、追可來由、被仰之、」

（裏書）「十九日

今夕可被行小除目、任例可被致沙汰之狀、如件、

九月十九日 申剋　　右中弁 宣方 判

四位大外記殿

今夕可被行小除目、任例可致沙汰之由、承候了、可加下知候歟、但申剋時付（御）□教書、戌剋到來之間、六位外記參事、分配康隆更無據下知候、可得其御意候哉、仍

言上如件、

九月十九日　戌剋　　　　　　大外記中原師茂　狀

退啓

六位外記事、分配康隆之間、更不可參陣之間、無據下知候歟、近例、外記不參之時、當局公人兼置御硯於陣座、召名以職事被奏聞之樣覺候、得其御意、可有申御沙汰候歟、恐々謹言、」

小除目の小折紙召名等の目録を進む
日野時光重病に依り權大納言に任ず

廿日、甲午、天晴、今朝大博士宗季（清原）、去夜小除目小折帋・召名等、取目六、進家君了、披見小折帋之處、前藤中納言（日野時光）任權大納言、數月所勞之處、大略無其憑之間、依愁申被任之云々、聞書任例被進　禁裏・仙洞以下、又武家聞書被付官途町野遠江□□（前司）信方、私分一通同被副遣了、每度之儀、忩可進入之由、返答、

除目小折帋被返獻上卿万里小路大納言了、

今日藏人左少弁仲光進狀於家君云、さても去夜魚書宣方俄中子細候之間、期臨（マヽ）被仰下、相扶病氣出現候き、每事不具纒頭周章候ツ、折塀（マヽ）黃紙も不候、陣座掌燈不致沙汰候之間、暗然散々事候き、以立明之餘慶馳筆候之間、更無文字形候歟、後見頗其憚候、被取替此一通、可返賜候、彼亞相心中憂喜相半候歟、事々期參會候也、恐々謹言、九月廿日、

仲光、四位大外記殿、被答返事云、去夜除目事、爲藏人右中弁奉行、申剋時付御教書、戌剋到來候之間、兼日下知、猶以六位外記事不輙候之間、夜陰更難事行候、仍其子細令申奉行候き、良種參陣神妙候、自彼亞相邊別內〻被誘仰候欤、御硯以下者沙汰進候き、卒尓、御奉行又御執筆、返〻奉察候〳〵、一通取替進入候、彼亞相慶、心中察申候〳〵、自愛甚候欤、每事可參啓候、恐惶謹言、九月廿日、師茂狀、

藥王寺住持職を妙專に安堵し入寺す

今日藥王寺長老妙專上人入寺、一昨日自一条中將殿(經嗣)、住持職事被仰妙專之故云〻、而即心上人此間住持申子細、不(去)□渡云〻、以外也、

六車御稻より武庫御稻の年貢違約を訴ふ

(頭書)「今夕自六車御稻代官神崎進狀、是武庫御稻三条大外記代官吉田契約郡使、譴責年貢之□令申之、以外事也、明日可遣返事也、

今朝良智房來、藥王寺住持職令安堵、妙專房入寺之由、來□之、

今朝伊賀使下向、粮物半連賜之、」

小除目折紙を進む

(裏書)「廿日

夜前小除目任人折紙一枚跪進上候、須差進六位外記候之處、与奪之間、恐遲〻、內〻(所)□進上候也、師茂誠恐謹言、

九月廿日　　大外記中原師茂上

進上　人々御中」

元弘三年七月二十三日安堵の綸旨を進む

『(裏頭書)今日博士大夫判官章世(中原)以狀、元弘三年七月廿三日地事安堵綸旨正文進之、藏人左少弁宣明(中御門)奉行也、無相違歟云々、無相違之由、被答、宣明卿自筆綸旨勿論也、』

終夜雨激し

廿一日、乙未、天晴、入夜陰、亥剋以後雨下、終夜甚雨、

師茂日野時光を訪ひ任大納言を賀す

西園寺實俊右大臣を辭す

今日午剋、家君着衣冠、先令向藏人右中弁宣方宿所處、他行之間、令向日野新大納言時光卿宿所給、被賀大納言慶、所勞急危、待時歟、不便、、、次令向万里小路大納言仲房卿宿所給、對面子息頭弁嗣房朝臣給、西園寺右府(實俊)被辭大臣之由、被申候、勅許無相違哉之由、被尋之、勅許之由返答、次令向四条前中納言隆持卿宿所給、黃門着布衣對面申、仙洞聞書被付彼卿、向後付給可進上之由、被示之云々、其後、歸宅給、

藥王寺前住妙專の入寺を拒む

今日家君留守之間、良智房來、藥王寺入寺之處、先長老猶支之、不去渡之間、今日以一(經嗣)条殿番頭、可去渡之由、被下知之處、不叙用、令祕計武家歟云々、一条殿御教書持來之間、写留了、

南山科御稻より供御米を納む

奥山田御稻の損亡を聽さず

今日南山科御稻供御人法道後家、御米貳斗余進之、沙汰人同道來、山田損亡事令申、不可叙用、何樣可□御田之由、仰之了、

安滿御稻の內紛を訴ふ

今日掃部助入道淨寶進狀、安滿御稻事令申之、所詮此間種々致祕計、先二段分納之處、

成合孫三郎於路次可押取旨、令申之間、未京進、件孫三郎鳥羽瓦堂少輔一族也、可被仰彼云〻、如申者、不可有正躰歟、

師茂末子の三回忌

（頭書）「今日家君被音信道乘房、明後日故觀照聖靈第三迴候、可有御訪、僧少〻可被進靈山殿之趣也、使者頼惠、自兼日能〻可訪申之由、令支度候、僧衆少〻可進靈山殿候云〻、

芋川庄の庄官替

今日芋川庄替實□被計下之樣、可有申御沙汰之由、書狀被付平宰相（行知）、出仕之次被遣寄、

風呂

入風呂之由、令申之間、被付狀了、」

廿二日、丙申、天陰、雨下、未剋以後晴、今朝平座官方迴文到來、可加下知之旨、被載散狀了、

業定王伯復任を督促す

今日神祇伯業定王進狀於家君云、復任事、代〻早速其沙汰候之處、停滯不便事候、被宣下之樣、内〻可有申沙汰云〻、不及返事、奉之由、以詞被答了、書札礼、無故實令書之故也、

藥王寺に米錢を贈る

今日米三斗・用途三百文被遣藥王寺僧道乘房□（許、）是明日相當觀照聖靈第三迴忌陰之間、可被訪之由、被示遣了、

今夕下一房・南一房・唯一房等參入大方、明日觀照聖靈第三迴之間、爲被修別時也、

神祇伯復任の督促

復任事、代々早速其沙汰候之處、于今渟(マヽ)滞、不便事候、被　宣下候之様、内々可有申
沙汰候哉、謹言、
九月廿日　　　（神祇伯）業定（従四上）
四位大外記殿

亡母の月忌

廿三日、丁酉、天晴、今日先妣（師守母）聖靈月忌也、備靈供、如毎月、予唱光明眞言千反、奉訪御
菩提者也、

師茂末子三回忌法會

今日故觀照聖靈（家君末子字小法師）第三廻忌陰也、仍家君以下、親族以下被書写八軸妙典於率都波(マヽ)面、
依人數不足、不被書具經、此外家君以上筆被漸写率都波(マヽ)面、法華經一部・開結二經・心
阿弁淨土三部經（率都波面(マヽ)人々漸写）等被書写之、各卷道乘房被供養之、又阿弥陁聖容□□（繪像）被副供養了、
布施、連被遣之、　下一房以下尼衆有齋・點心等、予・助教殿（中原師秀）・縫殿權助（中原師有）・音博士（中原師興）等有座、
今朝先有粥、尼衆三人布□（施）各一連宛被志之、唯一房先同道是阿弥下女歸寺、爲讃出尼衆間
逢日中之粁、下一房・南一房可參靈山殿之間、被留了、

墓參

申剋家君有御同車予・助教師秀・縫殿權助師有・下一房・南一房等、參靈山墳墓給、靑
侍宗左衛門入道頼恵・左衛門太郎入道善覺・源左衛門尉國隆等參之、先於觀照聖靈墓、
有一時、南一房調聲、次於先妣（師守母）聖靈御墓、阿弥陁(マヽ)・念佛有之、其後尼衆自靈山殿被歸寺

了、次爲頼惠調聲、於家君故女房墓、阿弥陀經・念佛有之、於觀惠聖靈墓□（念）佛許有之、次於先考（師右）御墓前、阿弥陀經・念佛有之、又於觀心聖靈墓念佛許有之、其後歸宅給、墓守法師行全賜酒直三十文了、又道乘房弟子二人參靈山、於觀照聖靈墓、有所作、家君參給時分也、仍本意之由、被會釋了、

田井保より用途等到來す

令夕自田井保人夫二人上洛、月萊（マヽ）幷用途百疋到來云々、

「（頭書）今日雜事□（頼カ）惠奉行之、

頓寫

今日頓写□□（七巻）被挑（マヽ）安居院二位僧都、音博士和讒八卷挑（マヽ）錦小路陰陽□（師）前□□（讃岐）權守尚言（安倍）、予和讒之一卷被挑（マヽ）東隣（中原師香）之處、今朝以狀、自去夜頓病事出來之間、不書写得、仍返進粁木由、令申之間、分手書写了、

今日良智房來、家君對面給、藥王寺事語之、□（則カ）歸了、」

廿四日、戊戌、天晴、今日（マヽ）阿弥參入、賜茶、

今日法皇寺長老來臨、可進御室請文被申談、被書之、

公家衰日除目の例

今日陰陽大屬久盛（惟宗）尋申云、公家御衰日任大臣節會幷小除目例、不審云々、付使被注遣了、

「（頭書）今日米二斗政所・用途二連、自大方被遣產所、予悦申了、」

「（端裏）廿四日陰陽師尋申之、」

兩条

一　公家御衰日除目例

」延喜元年三月十五日、丁酉、今日御衰日也、有臨時除目、
同十七年五月十九日、丁卯、有小除目、御年卅三、」卯酉、
延長三年十月十三日、壬申、京官除目始也、御年四十、
長久二年四月十七日、乙酉、有小除目、御年卅三、卯酉、
」永承二年二月十七日、壬戌、防鴨川使除目、御年廿三、辰戌、
嘉承二年十二月八日、己丑、被行臨時除目、御年五、丑未、
嘉應元年三月五日、辛酉、有小除目、御年九、
承安四年正月廿一日、乙酉、縣召除目、入眼、御年十四、
建久五年正月卅日、壬辰、」九坎、同除目、入眼也、御年十五、
」正治二年正月廿日、丁未、同除目始也、中夜歟、御年六、
承元々年正月十三日、乙丑、同除目、入眼、御年十三、
」文保二年正月五日、敍位、今日御衰日、

観應元年正月五日、敍位、今日御衰日、
延文元年三月廿七日、縣召除目、入眼、今日御衰日、
此外猶存例、

衰日任大臣節會の例

一　同御衰日任大臣節會例

仁安二年二月十一日、庚辰、任大臣節會、
內大臣藤原忠雅　元大納言、左大將如元、
（六條天皇）公家御年四、　御衰日辰戌、

後日勘出、
弘長元年三月廿七日、己丑、任大臣節會、
內大臣藤原公親　右大將、元大納言、二一、
（龜山天皇）公家御年十三、　御衰日丑未、

同、
建武二年十一月十九日、丙寅、任大臣節會、
左大臣藤原經忠　元前右大臣、今日氏長者　宣下、

公家(後醍醐天皇)御年四十八、　御衰日寅申、

業定王の伯復任

廿五日、己亥、天陰、辰斜以後雨下、酉剋屬(マヽ)、
今日神祇伯業定王復任事、被觸頭右大弁嗣房朝臣、可被宣下之由、本人令申之間、其分被載狀了、慥賜之由、以詞申返事、

東九條御稻米抑留及び奥山田御稻御栗園御稻米の犯用停止綸旨を促す

今日東九条御稻田内但馬房分御米抑留事并奥山田御稻田供御人刑部房御米犯用御栗(マヽ)園御稻事等　綸旨事、被催促之了、

藥王寺前住未だ退寺せず

今日良智房來、家君對面給、藥王寺間語之、未落居、卽心上人未去渡云々、

日野時光薨ず

(頭書)「今日巳剋權大納言正三位藤原時光薨、年四十、自夏比水腫所勞、去十九日任大納言了、不便〳〵、」

業定王の伯復任

神祇伯業定王復任事相觸候、爲早速可被　宣下之由、令申候、內々得其御意、可有申沙汰候哉、恐惶謹言、

九月廿四日　　師茂 狀

頭弁殿

葛野御稻より供御米を納む

廿六日、庚子、天晴、今日葛野御稻供御米檢納之、十五石五斗內六石八斗納之、仰付源左

衛門尉國隆、於北倉文庫前納之、四石國隆給分、其外一石先納、猶未進猶有之、酒直百文國隆致沙汰、賜酒於百姓等、定使左近太郎友永也、土毛定使請取之、饗應供御人等云〻、幸甚、、、則預置北(マヽ)文庫了、藁百余束致沙汰、

衰日の任大臣節會不審

今日藏人右中弁宣方進狀、綸旨兩通明日可書進候、御衰日任大臣節會不審候、可注給云〻、綸旨明日可進取候、御衰日任大臣節會例、仁安二年二月十一日庚辰、任大臣節會、內大臣藤原忠雅、元大納言、左大將如元、春秋四、御衰日辰戌、所見只今如此候、引見給、所見候者、可申之由、被答了、

今日官(小槻)務兼治以召次行包、今日家君當番御教書三通送進之、可被行任大臣節會之由、沙汰候欤、新亞相(日野時光)、返、驚存之由、載狀、御教書賜召次了、官務返□(事)自是可遣之由、被答了、

藥王寺住持職未だ落居せず

今夕良智房、藥王寺事未落居云〻、

今日記錄所庭中幷雜訴沙汰无之、依無傳奏也、

三條萬里小路東角地の拜領實否を糺す

今朝善覺幷源左衛門尉國隆被遣小串宿所牛王辻子、是三条万里小路東角地事、代〻管領之間、以此地号三条大外記、而御拜領之由、傳奏候、實事候哉、不審之間、尋申之趣也、近邊可立屋之由、自大樹(足利義詮)奉賜候之間、來月可立屋之由、存候、而如此奉候之上者、此分

日野時光薨去す

田井保より公文上京す
今安保公文職を催促す
細川頼之山名時氏

衰日任大臣節會の例を問ふ

薪園の事を石清水社務に命ず

葛野御稲より草代未進分を納む

可伺申云々、
今日三条地事、小串可立屋之由、令申、驚存、代々管領地候之間、号三条大外記之由、
書目安、被付淡路御局大樹妾物了、彼局官女善覺音知音之間、以彼仁内々被仰之了、
（頭書）「今朝大判事明宗（坂上）進狀云、新亞相事承及候、雖存、内々不便候、就其可罷向之由存候、
微生、自二条殿（良基）被召候之間、申領狀候了、雖其恐候、御牛片時可申請候云々、付使被
遣了、及晩返進、新亞相昨日巳剋薨云々、不便〳〵、
今朝田井保人夫下向、公文道成可參洛之由、被下知了、
今朝善覺先向白子房許、今安保公文職催促、今日無沙汰、細川右馬頭（頼之）招引山名（時氏）宿所
之間、依物忩也云々、」
廿七日、辛丑、天晴、今朝藏人右中弁宣方進御教書云、任大臣節會御衰日被行例、可被注
進由、被仰下云々、礼紙云、昨日内々尋申候了、仁安外猶所見候者、可被注申候、就御注
進、可有　勅問之由、沙汰候、兩条　綸旨書進候、薪園事可仰八幡社務由、被仰下云々、
載請文被答了、
今朝善覺并源左衞門尉國隆被遣小串許、三条地事、昨日返事重被仰之了、
今日葛野御稲草代殘且八百文致沙汰、

風呂

今日北僧進柿一葛於家君、近年進之、
「(頭書)今日遣状於平三位行時卿(安居院)許、是近衛殿(道嗣)御息(良昭)事、令驚、只今入風呂、自是可申返事云々、」
「(裏書)廿七日

任大臣節會御衰日被行例、可被注進由、被仰下之状、如件、

九月廿七日　右中弁 判

四位大外記殿

内々申

昨日内々尋申候了、仁安外猶所見候者、可被注申候、就御注進、可有　勅問候之由、其沙汰候、兩条　綸旨書進候、薪園事、可仰八幡社勢由、被仰下候也、

衰日任大臣節會の例

任大臣節會御衰日被行例、引勘候之處、仁安二年二月十一日庚辰、被行任大臣節會、内大臣藤原忠雅、左大将如元、公家(六條天皇)御年四、御衰日辰戌、近則建武二年十一月十九日丙寅、被行同節會、左大臣藤原經忠(近衛)、元前右大臣、氏長者　宣下、今日公家(後醍醐天皇)御衰日年四十八、御衰日寅申、今日先被行朔旦敍位、昨日依世間動乱延引、所見只今如此候、建武之儀、不及兼御沙汰、若俄

被行候歟、可令得其御意給候乎、仍言上如件、

九月廿七日　　大外記中原師茂状

内々啓

御衰日任大臣節會例請文進入候、可有御披露候、兩条綸旨賜候了、畏入候、薪園事、可被仰八幡社勢之由、承候了、可存知候、案文以便宜可申請候、恐々謹言、

三條公親を内大臣に任ず

（裏頭書）
『後日勘出之、
弘長元年三月廿七日、己丑、任大臣、内大臣藤原（三條）公親、右大將、元大納言、二、
（龜山天皇）
公家御年十三、御衰日丑未、』

東九條御稲年貢抑留を停む

大炊寮領山城國東九条御稲田内、但馬房年々抑留供御米事　奏聞之處、不敍用綸旨之条、事實者、不可然、殊嚴密致誡沙汰、可被全供御備進之由、被仰下之状、如件、

九月廿四日　　右中弁（宣方）判

四位大外記殿

奥山田御稲供御米の犯用を停む

大炊寮領山城國奥山田御稲供御人刑部房、御米犯用以下事、奏聞之處、爲事實者、不可然、嚴密加下知、可被全供御役之由、被仰下之狀、如件、

九月廿四日　右中弁 判

四位大外記殿」

任大臣節會の沙汰

廿八日、壬寅、天晴、今日藏人右中弁宣方(中御門)進御教書云、昨日日付、明後日廿九日可被行任大臣節會、任例可被致沙汰云々、可加下知之旨、被出請文、則被下知文殿代助豐(和氣)了、

今日文殿代助豐參入、任大臣節會六位外記事、一﨟康隆(中原)他行之由、返答、四﨟良種(清原)故障之旨、令申云々、又召使參事、不被下御訪者、難參之由、言上之間、參向奉行職事可申之趣、被下知、六位外記散狀、以狀被相觸、奉行職事、爲上嚴密可被仰下之由也、

今日助豐重參入、明日任大臣節會召使參事、申職事之處、可進申狀、可伺申之旨、被仰之間、如此用意申狀候、可賜御擧狀之由、令申之間、以內々狀付職事、彼狀卽賜助豐了、

二條良基當今外舅任大臣の例及び宣命草を求む

今日自二条大閤(良基)、以菅少納言秀長朝臣(東坊城)奉書、被尋下家君云、當代外舅任大臣例、可被注進、宣命草同可被注進云々、付御使被注進了、

土用中の胞衣埋藏

今日予尋遣陰陽大屬久盛(惟宗)云、先日注進勘文、今日可藏胞衣之由、被載勘文、而土用中被埋之条、可爲何樣候哉、不可有苦候歟之趣也、勘付云、土用强不憚候之間、先々雖爲土

用中、注載御勘文之由也、

今夕家君被召盃飯於出居、予此間、青女在産所之間、爲被補徒然也、尤畏悦無極者也、

任大臣の人名を問ふ

(頭書)「明日任槐誰人候哉、内弁誰人候哉、不審之由、被尋職事、任槐按察(三條實繼)候歟、内弁三条大納言(實音)申領狀之由、勘付、」

明後日廿九日可被行任大臣節會、任例可被致沙汰之狀、如件、

九月廿七日　右中弁 判

四位大外記殿

明日廿九日可被行任大臣節會、任例可致沙汰之由、可加下知候、仍言上如件、

九月廿八日　大外記中原師茂 狀

相觸一﨟弁四﨟外史、今間可被申散狀之由、同其沙汰候也、

召使必可參之由、被仰下候也、

明日廿九日可被行任大臣節會、任例可令致沙汰之狀、依仰執達如件、

任大臣節會に一﨟四﨟の外記不在す

九月廿八日　　(源)國隆

外記文殿

明日任大臣節會事、加下知候之處、一﨟康隆他行候云々、四﨟良種故障之由、令申候、可爲何樣候哉、局勢下知不可事行候、爲上嚴密可被仰下候也、召使參事、同申子細候、則助豐參申候、可被仰候歟、兼又任槐(按察候歟、)誰人候哉、宣旨以下爲用意、存知大切候、密々蒙仰候者、悦入候、內弁(三条大納言領狀候、謹言、)誰人可被參候哉、不審候、条々委可蒙仰候、恐惶謹言、

九月廿八日　　(宣方)師茂□(狀)

中御門殿

明日任大臣節會召使參事、加下知候之□(處、)捧此申狀歎申候、可有計申御沙汰候乎、恐惶謹言、

九月廿八日　　師茂狀

中御門殿

當今外舅任大臣の例

（裏書）
「廿八日

宣命草同可被注進候也、

當代外舅任槐例、可被注進之由、內〻被仰下候也、恐〻謹言、

九月廿八日　　秀長

四位大外記殿

宣命二通書進上候、同可得御意候、

當代外舅任大臣例、一通隨所見注進別紙候、內〻可有御披露候哉、師茂誠恐謹言、

九月廿八日　　師茂 狀

建長六十二廿五公基（西園寺）任內大臣時幷正應三十二廿五公守（洞院）任內大臣之時、宣命被書進上了、

當代外舅任大臣例

三條定方

三条右大臣 定方公

延長二年正月廿二日任右大臣、元大納言、皇太子傅、□□□□□正三位、(右大將如元)

于時帝醍醐天皇、御母儀皇大后藤原胤子、內大臣高藤公女、

久我雅實

久我太政大臣 雅實公

康和二年七月十七日任內大臣、元權大納言、右大將如元、正二位、

于時帝堀河院、御母儀中宮賢子、右大臣(源)顯房公女、

平宗盛

讃岐內大臣 (平)宗盛公 被略之、

壽永元年十月三日任內大臣、元權大納言、前右大將、正二位、

于時帝安德天皇、御母儀建礼門院(平德子)、入道太政大臣清盛公女、

西園寺公相

今出河太政大臣 (西園寺)公相公

建長四年十一月十三日任內大臣、元權大納言、右大將如元、正二位、

于時帝後深草院、御母儀大宮院(西園寺姞子)、太政大臣(西園寺)實氏公女

西園寺公基

京極右大臣 (西園寺)公基公

建長六年十二月廿五日任內大臣、元大納言、右大將如元、正二位、

于時帝後深草院、御母儀大宮院、

洞院公守

洞院太政大臣公守公

正應三年十二月廿五日任內大臣、元權大納言、正二位、左大將如元、

于時帝伏見院、御母儀玄輝門院、(洞院愔子)左大臣實雄公(洞院)女、

大外記中原師茂」

生兒沐浴始

廿九日、癸卯、天晴、今日去十三日誕生小兒沐浴始也、每事略儀、湯桶・湯上略之、汲丙方巳与午間也流水、又胞衣藏同方、雖爲土用中、無憚之由、陰陽師相計之間、埋之了、

今日葉室宰相長藤卿觸申云、明日可遂着陣、任例可被加下知云々、可存知之旨、被答之、

葛野御稻より未進分到來す

今日葛野御稻御米未進一石三斗五升到來、此內六斗本器賜源次郎、其外七斗五升、借物百疋分返之了、又草代殘三連致沙汰、猶相殘也、

今日法皇寺(空照房)長老來臨、三条大納言實音卿許狀申談、被書之、

東九條御稻抑留停止の綸旨再び出づ

是日東九條御稻內、但馬房抑留御米事、重綸旨被施行下司之間、則相觸但馬房了、

藥王寺前住の弟子未だ退去せず

今日良智房來、藥王寺住持職事、卽心上人弟子未去之間、沙汰之最中也云々、以外也、

足利義滿天龍寺に赴く

春屋妙葩

(頭書)「今朝鎌倉前大納言(足利義詮)子息大夫義滿童形被渡嵯峨天龍寺云々、是受衣天龍寺長老春偓(マヽ)和尚妙肥(マヽ)析也云々、

足利義滿赤松則祐の別莊に赴く

其後可被渡赤松(則祐)妙(マヽ)禪律師山庄云々、秉燭間被歸之、共(マヽ)大名等結構云々、」

任大臣節會　三條實繼を內大臣に任ず

師茂日野時光の薨去を弔ふ

任大臣節會を行ふ

明日可遂着陣、任例可被加下知之狀、如件、

九月廿九日　　參議長藤卿判

四位大外記殿

明日可有御着陣、任例可加下知之由、謹奉候了、早可存知候、師茂謹言、

九月廿九日　　大外記中原師茂狀

秉燭之後、家君着朝衣青朽葉、巡方、扇次第、參陣給、依可被行任大臣節會也、前權大納言藤原實(三條)繼卿按察使、帝外舅、可任內大臣云々、父入道內大臣公秀公、以外祖勞、任內大臣、未及拜賀出家、相續任槐可謂珎重、朝奬欤、家君先令向故日野新大納言時光卿宿所給、薨去事被弔之、青侍男出逢門前、子息權右中弁資康(裏松)申返事欤、但不相續仁欤云々、

寅剋被始行節會、內弁權大納言藤原仲房(萬里小路)卿・外弁權中納言同實綱(正親町)卿・參議同隆仲(西大路)朝臣・少納言菅原秀長(東坊城)朝臣・左中弁藤原長宗(葉室)朝臣・但任位次、弁可着少納言上令申之處、少納言申子細之間、不着座云々、少外記中原康隆・右大史高橋秀職少內記・官掌中原國□召使宗岡行益等着之、官掌不參、實綱卿行事如例、

奉行職事藏右(マヽ)中弁藤原宣方・大外記師茂朝臣奉行・左大史兼治(小槻)等參陣、
節會訖、權大納言仲房卿着仗座、右大臣・內大臣、宜依官次第列之由　宣下、家君參軾
被奉之、
卯剋節會儀了、大外史幷大夫史兼治等被參向新內府第正親町烏丸第、前中務大輔藤原忠兼束帶
出逢、被賀內府慶、雖可對面申、窮屈察申、故來臨本意也、後日可有御尋之由、被答之、
官務返事同前歟、又爲大閤(二條良基)御使、菅少納言秀長朝臣向彼第、內々對面云々、新內府被着直
衣云々、

任內大臣の饗祿なし

今度內府无饗祿、不及被儲賓莚、仍內弁以下不引參也、

節會前の御樂あり

(頭書)「今夜節會以前有御樂云々、
宣命使隆仲朝臣、
今夜大閤於鬼間御覽吉書、大閤御衣冠、
官方左中弁長宗朝臣、藏人方藏人右中弁宣方云々、
大內記不參間、少內記秀職役之、

後光嚴院御衰日

今日帝(後光嚴院)御衰日御年三十也、兼被尋例了、被申合殿下(鷹司冬通)幷大閤、被行之、」

任大臣節會

任大臣節會

公卿

不參、三条大納言（實音）　仲房卿 万里小路大納言

實綱卿 新中納言　參議 隆仲朝臣 正四下

少納言

菅 秀長朝臣 従四下

弁

左中弁 長宗朝臣 正四下 藤

次將

左

中將 基光朝臣 正四下 藤（園）　中將 顯保朝臣 従四上 藤（四條）

少將 親雅 正五下 藤（中山）　假渡右云々、

任內大臣の宣命案

（裏書）
「廿九日

宣命案

天皇我詔旨良万止勅大命乎親王諸王諸臣百官人等天下公民衆聞食度宣食國乃法止定

賜比行賜倍留國法乃隨尓先立先立止內大臣正二位藤原師良朝臣乎右大臣乃官尓任賜

二條師良を右大臣に任ず

三條實繼を内大臣に任ず

布又宣久正二位行陸奥出羽按察使藤原實継朝臣者朕之親舅奈留上尓仕奉礼留功毛積尓依弖内大臣乃官尓上賜比任賜者久度勅御命乎衆聞食止宣

貞治六年九月廿九日

正二 右大臣藤原師良 元内大臣 實俊公上表替、

正二 内大臣藤原實繼 元前權大納言、按察使 師良公轉右替、无饗祿、不及被儲賓莚也、

貞治六年九月廿九日

十月公事

十月公事

平座 二﨟 皆參 一﨟 康隆

東寺灌頂 四﨟 二、師興

大乘會 一﨟 〔三、〕倫義（三善） 武家仁〔之上、〕□□不出仕之間、略之、

奉幣 一﨟 四、良種

御卜 四﨟 〔五、〕康冬（三善） 武家仁之上、□〔不〕出仕之間、略之、

布施、武家奉行人、

政付内文請印　一臈
除目　二臈
日時定　四臈
行幸　二臈
官奏　一臈
宣下　四臈
着陣　二臈
免者　四臈

東九條御稲供御米抑留に再度綸旨を下す

當御稲田内、但馬房年〻抑留供御米事、重　綸旨如此、案文被遣之、嚴密相觸、可被申散狀之狀、依寮家仰執達如件、

九月廿八日　左衛門尉國隆奉

東九條御稲下司殿

〔第六十三卷〕

（包紙）
「應安改元
貞治七年　正月」

○上記は後筆、

貞治七年

正月

一日、癸酉、天陰、申剋以後晴、青陽之初節、大□〔簇カ〕□吉慶等重疊、子孫繁昌、壽福増長、□□成就、官位俸祿可任意、就中今春□□拜趁、譽可超傍輩也、幸甚〻〻、

四方拜勸盃

早旦向舊年吉方〈天醫方〉手水、所作以後書□□、次書觀音經銘、次四方拜如例、次有勸盃、幸甚〻〻、

今日勸盃之後、參出居、謁申家君〔師茂〕、申祝言、

節會文書用意

今日節會文書用意之、

今日大宮大納言實尚卿、以右馬權頭基統(三善)奉□(書)觸申云、今日可有御着陣、任例可令下知之由、大宮〔　〕殿御消息所候也云々、奉書不可叶之間、不及請文、〔　〕旨、以詞被答之、先々菊亭大納言實尹(今出川)卿、以直狀被〔　〕公直(今出川)卿同前、此仁大宮右府季衡公孫也、可爲直狀歟、無故實也、

師茂參陣

入夜、亥一點家君着朝衣巡方、古袍、柳下襲、有御同車二□(藤)外記師興(中原)巡方、音博士等參陣給、古車、雜色三人、中間□□、牛飼萠黃狩衣、仕丁一人、先參二條前殿(良基)下給、內覽、号申大閤、爲內覽敍位勘文也、以月輪中將家尹(藤原)朝臣布衣內々被召之、次有御對面云々、次參殿下給、鷹司殿(冬通)、以左馬權頭匡綱(大江)被申參仕之由、被仰云、今日御拜賀延引、敍位勘文御拜賀以前、可爲何樣哉、被引御覽先規、可被仰之、今夜不可有御覽云々、仍參陣給、

御子左爲忠任中納言拜賀

土御門保光參議還任着陣

西洞院行時任參議拜賀

今夜節會以前、權中納言爲忠(御子左)卿申拜賀、納言後、申次无之、其由也、次參議保光(土御門)卿着陣、還任後、□(次)〔　〕行時(西洞院)卿申拜賀、任參議之後、歟、去年十二月廿四日任之、无申次、其由歟、

大宮實尚任大納言拜賀

次權大納言實尚卿被申拜賀、任大納言後、申次藏人右少弁宗顯(葉室)、則有着陣、□陣官問時、大弁不參、直藏人左少弁□(仲)□(廣橋)座頭左大史兼治(小槻)、中文右大史高橋秀職、其儀如例、申□(文)國加賀・美作、馬析少外記康隆(中原)、

元旦節會

寅剋被始行節會、內弁權大納言藤原□(實)〔　〕弁權中納言同爲忠卿未着陣・參議同保□□・

□□卿未着陣・藤原(西大路)隆仲朝臣・少納言平棟有□□中弁藤原(葉室)長宗朝臣正四下、但不着座、依有所存也云々、・權少外(記)□□□右大史高橋秀職・官掌(中原)國豐・召使和氣助豐等□□

國栖歌笛立樂停止
足利義詮宣命案

國栖・哥笛共停止、立樂同停止、依故鎌倉前大納言(足利義詮)事□□宣命少內記秀職進之、但辭退代官之由自稱云々、宣命使參(議)□□□朝臣役之云々、次將(左)左中將源(白川)顯邦朝臣・(藤)原(一條)季村朝臣・同(四條)顯保朝臣、右右中將藤原(近衛)嗣尹朝臣、少將同長秀云々、

(頭書)「今朝敍位勘文令清書、進大外史、

今日文殿代助豐不參賀、近年如然、

妓始

今日妓始之、大方妓始同前、

買始

今日買始也、幸甚〱、

文庫開

今日文庫開始也、

今日一提賜雜仕、二種肴、

小朝拜なし

小朝拜无之、依(鎌)倉大納言事也、於四方拜者如例、殿下拜礼无之、依無御朝拜也、

御藥の儀

御藥儀如例、典藥頭丹波篤直朝臣已下七人參役云々、後取刑部卿橘知繁朝臣、

今日參陣兩局、四位大外記家君・大夫史兼治・少外記師興・權少外記良種(清原)・右大史高橋秀職・(三善)□□家連等參陣、

內々垸飯

侍酒肴なし

外任奏

御酒勅使の交名

當年始執柄無御拜賀例、不可有先規歟、
今日武家高盛无之、執事（細川頼之）已下大名同前云々、
內々垸飯如例有之云々、
今日侍酒肴无之、近年如然、」
今日可有御着陣、任例可令下知給之旨、□□大納言殿御消息所候也、仍執達如件、
正月一日　右馬權頭基□（統）
謹上　四位（師茂）大外記殿
外任奏　加礼帋入莒、
加賀守三善朝臣勝衡〔従五下、貞治□　□〕
丹後守賀茂朝臣員定〔従五下、敍不、〕
右件等人、任符未出、
貞治七年正月一日
御酒　勅使交名〔如此雖被用意、不入、分配外記良種用意之、〕

左

長重朝臣　一　前左京權大夫　正四下、源、

廣衡朝臣　三　前大藏權大輔　從四下、善、（三善）

右

仲定朝臣　二　前右京權大夫　從四上、源、

仲名朝臣　四　前中務權大輔　從四下、源、

元旦節會宣命案

（裏書）
一日

宣命案
天皇我詔旨止良万宣命乎衆諸聞食止倍□今日波正月朔日乃豐樂聞食須日尓在□時毛寒尓依弖御被賜止波久宣

貞治七年正月一日

元旦節會公卿等

公卿

大宮大納言　　新中納言(御子左爲忠)

藤　宰相　　平　宰相

隆仲朝臣

少納言

平棟有朝臣

弁

左中長宗朝臣　　藏人右少弁宗顯

左近府

中將顯邦朝臣　　中將季村朝臣

中將顯保朝臣

右近府

中將嗣尹朝臣　　少將長秀

分配權少外記清原良種書之、仍入次將等、家例歟、

合見參次侍從五位已上

合見參次侍從五位以上

従　一　位（良基公　内覽〔覽カ〕）
關　白　左　大　臣（冬通公）
權大納言藤原朝臣實尚（從二位）
權中納言藤原朝臣爲忠（從二位）
參　議藤原朝臣保光（從三位）
平　朝臣行時（從三位）
藤原朝臣隆仲（正四位下）
正四位下源　朝臣顯邦（左中將）
藤原朝臣季村（左中將）
從四位上藤原朝臣顯保（左中將）
從四位下平　朝臣棟有（少納言　當階從四上也、良種不存知歟、）
藤原朝臣嗣尹（右中將）
正五位下藤原朝臣長秀（右少將）
貞治七年正月一日

合見參非侍從五位以上

合見參非侍從五位已上
正四位上中原朝臣師茂　大外記、大炊頭、下總守、穀倉院別當、
正四位下藤原朝臣長宗　左中弁
從四位下菅原朝臣在敏　殿上、前右衛門佐、
正五位下〔上〕藤原朝臣仲光　藏人、左少弁、
藤原朝臣宗顯　藏人、右少弁、奉行、
正五位下小槻宿祢兼治　左大史、主殿頭、
藤原朝臣範蔭（高倉）　殿上、无官、
貞治七年正月一日 」

元旦節會終る

二日、甲戌、天晴、未剋風吹、小雨下、則止、今朝辰剋、家君自內裏退出、只今節會儀訖云〻、

勸盃

今日勸盃如昨日、
今日式部省沙汰者業弘進敍位六卷文書、

禁裏御藥の儀

今日禁裏御藥儀如例、

殿上淵醉なし

今日殿上淵醉无之、依故鎌倉大納言事也、

武家内々垸飯
侍酒肴なし

「(頭書)今日武家内ゝ垸飯有之、
今日侍酒肴無之、」

毗沙門を鞍馬寺に供養す

三日、乙亥、天晴、今朝家君毗沙門御躰被奉渡鞍馬寺、被供養之、御布施鳥目三連、又木成小毗沙門一躰□(同)□副供養、御布施中紙一帖、予安置小毗沙門一躰、言付供養之、御布施米紙袋一副進之、毎年之儀也、又家君於地藏□(堂、)毗沙門御躰被供養之、御布施米一斗云ゝ、

勸盃

今日勸盃如昨日、幸甚ゝゝ、

侍酒肴なし

今日侍酒肴无之、

禁裏御藥の儀
武家内々垸飯

「(頭書)今日禁裏御藥儀如昨日歟、
今日武家内ゝ垸飯有之歟、」

攝關宣下以後敍位勘文御覽の例

是日家君以狀被申殿下云、攝關　詔以後、御□　□御覽敍位勘文間事、雖引勘候、所見不詳候、□　□以前内ゝ被召勘文之条、不可有巨難候哉、且詔以□(後)□　□拜賀、毎事内覽候上者、不可有子細候歟、可得御意候哉、兼□　□事未無被仰下旨候之間、不及文書沙汰候、可爲何樣□　□伺可被仰下之趣也、御返事云、敍位勘文内覽事、子細先度□(被)仰了、所詮内ゝ可被御覽候、今明之間、可被參仕之由、被仰下候也云ゝ、

白馬節會の沙汰

今日家君以狀被示遣藏人右中弁宣方(中御門)許云、白馬節會□御教書到來之間、加下知候了、左右

馬頭・助被催出候哉、左馬［　　］右馬頭闕候、各權頭參候者、不可有子細候歟、不參候者、□〔頭カ〕［　　］候、舞妓被停候者、坊家奏取次將以下不可入候、□〔輔〕［　　］注進別紙候、不御事闕之樣、可有御沙汰候、□〔式カ〕［　　］六位內其仁候哉、不然者可被新任候歟之趣也、狀□〔并〕□〔返〕［　　］

今日白馬節會事、被下知文殿代助豐、此次［　　］遣之、忩相觸、可申散狀之旨、被下知之、

敍位執柄參仕なき例

今日自殿下以藏人左少弁仲光奉書、被尋下家君云、□□〔敍カ〕勘文以人被傳覽例、若被勘出候哉、無所見候者、縱雖別儀、以他事准據可被傳覽候、可被存知候、兼又敍位執柄無御參例、可被注進之由、被仰下云々、被進請文云、敍位勘文御覽□□、載請文、今朝進上仕候了、可得御意候、凡勘文以人被傳召事、依神木動坐已下、被停敍位之時、於勘文者、以人被召之条勿論候歟、於今度者、未被申御拜賀之以前、以人被召□条、可爲何樣哉、御不審候歟、其段存准據不可有巨難候歟、［　　］旨早可存知候、兼又敍位執柄無御參例、

春日社神木動座等敍位停止

一通隨所見注進仕□可有御進入候哉云々、

敍位奉行

今日勘解由小路前中納言兼綱卿進狀於家君云、敍位奉行事、仲光夜前承之由、令申候、卒尓纏頭候歟、執筆事、爲觸申、□□〔只今カ〕參右府〔二條師良〕候ツ、下官不申沙汰之間、不及諷諫候、定

氏爵申文

敍位除目の勸盃

貞治三年敍位の例

失東西候□〔歟、カ〕藏人方要樞申文な□□〔御〕入魂候者、可爲本望候、除目なとも□來ハ奉行職事令作之候ハてハ、不叶候歟、敍位可爲同前候哉、但是ハ御當局文書許にても、不可闕如候哉、當時儀不審存候、所詮近年成柄少々被免一見候哉、卽可返進候、更不可有懈怠候、氏爵申文付藏人方之条、勿論候哉、藤氏爵ハ執柄直於御前被仰執筆候歟、不參之時儀又如何、所見候者、可奉候、条々藏人方可存知分、委奉存候者、可爲本意候云々、端書曰、敍位除目之時、勸盃藏人頭、碯子五位藏人、勿論候歟、而當御代頭雖祗候、五位藏人□〔勸〕□〔盃、〕六位藏人碯子、度々見及之由、仲光語申候、不打任之樣候、御□□〔所〕如何、今度兩頭不出仕之上者、勿論候歟、然而以次爲存知令申候也□□〔云々、カ〕答云、敍位弁殿〔廣橋仲光〕御方御奉行目出存候、卒尒御□□〔纏頭〕察□〔申〕入候、去貞治三年敍位成柄付進御使候、御覽之後、可返賜候、氏爵申文者、付當局候、藤氏者如仰、執柄直於御前被仰執筆候歟、御不參之時、若被付職事候哉、兼又敍位除目□□事、當局不綺沙汰候之間、每度委不注置候、恐恨□□〔候カ〕敍位事、未被下御教書候之間、不及加下知候、忩賜御教書、可加下知候由、被傳申候者、畏存候云々、今夕酉斜、藏人左少弁仲光以時付御教書云觸申、家□□〔君カ〕敍位任例可被申沙汰云々、可存知之旨、被出請文了、

攝關宣下以後拜賀以前に敍位内覽の勘例

攝關詔以後、御拜賀以前、御覽敍位□〔勘〕□事、雖引勘候、所見不詳候、但雖御拜□〔賀カ〕□
□内〻被召勘文候之条、不可有巨難候哉、□　□不依御拜賀、每事内覽候之上者、
不可有□　□歟、可得御意候哉、兼又敍位事、未無被仰下旨□□間、不及文書沙汰候、
可爲何樣候哉、有御伺、可被□□候、恐惶謹言、

正月三日　師茂 狀

藏人左少弁殿 殿下執事

敍位勘文内覽事、子細先度被仰候了、□□内〻可被御覽候、今明之間、可被參仕之由、
被□□候也、恐〻謹言、

正月三日

白馬節會左右馬頭等出仕
舞妓を停む

年始御慶漸雖事舊候、猶以不可有□　□幸甚〻〻、早可參賀候、
抑白馬節會事、御教書到來之間、加□　□左右馬頭・助被催出候哉、左馬頭武家、
右馬頭□□各權頭參候者、不可有子有子細候歟、不參候者、頭代□〔可〕入候、舞妓被停候
者、坊家奏取次將以下不可入候、輔代以下事注進別帋候、不御事闕之樣、可有御沙汰

□〔者〕、□〔式〕・兵丞事殿上六位内、其仁候哉、不然者可被新任候歟、毎事可参啓候、恐惶謹言、

正月三日　　　　師茂状

中御門殿〔宣方〕

折紙

白馬節會

一　二省輔代

式部

輔代二人（四位一人／五位一人）

兵部

輔代一人

一　二省丞

式部丞一人

兵部丞一人

可被用殿上六位歟、近年如此、

一　内豎頭事

可被召進之由、可被申殿下歟、

改年之祝詞、雖事舊候、不可有盡期、自他幸甚〱候、猶以面賀可述悅緒候也、抑白馬節會左右頭・助未催出候、不參之時、次□(將)之中下﨟令勲仕代候哉、頭・助之間、一人參候者、一人次將參勲□(不)可有子細候歟、左右共次將勲仕先規何樣候哉、二省輔代事、式部輔代二人四位・五位、本式雖勿論候、式・兵各一人參近例候哉、且此一兩年勲仕之輩、可注給候、式・兵丞近年大略殿上六位勲仕候歟、年〻勲仕之輩、同可注給候、事〻期參會候、恐〻謹言、

正月三日

(裏書)「三日

封文也

輔代迴文被遣之、忩相觸、可被申散狀之由、同其沙汰候也、

白馬節會、任例可被沙汰之狀、依仰執達如件、

正月三日　(源)國隆上

外記文殿

白馬節會出仕の輔代

散位　源朝臣仲興
伊豫守源朝臣仲雅
散位　源朝臣仲持
左(マヽ)馬助源朝臣長兼
右馬權頭三善朝臣基統
左馬權助源朝臣清治
右白馬節會輔代、任例可被參勲之状、依仰所迴如件、
貞治七年正月三日

敍位勘文

敍位勘文、以人被傳覽例、若被勘出候哉、猶無所見候者、縱雖別儀、以他事准據可被傳□□〔覽〕可被存知候、兼又敍位執柄無御參例□　□由、被仰下候也、恐々謹言、

正月三日

四位大外記殿

敍位勘文御覽

敍位勘文御覽間事、載請文、□　　□仕候了、可得御意候、凡勘文、以人被傳召□□神木動坐已下被停敍位之時、於勘文者、以□被召之条、勿論候歟、於今度者、未被申御拜□（賀）以前、以人被召之條、可爲何樣哉、御不審候歟、其段□准據不可有巨難候歟、可被仰下旨、早可存知候、兼又敍位執柄無御參例、一通隨所見注進仕候、可□（有）御進入候哉、恐惶謹言、

正月三日　　　　師□

敍位執柄參仕なき例

敍位執柄無御參例

永治元年

永治元年正月五日敍位、執筆内大臣（藤原頼長）公、□□（藤原忠通）殿下法性寺殿無御參、

長寛二年

長寛二年正月五日敍位、執筆内大臣（藤原宗能）公、□□（藤原基實）殿下六条殿無御參、被獻藤氏中文、

寛喜二年

寛喜二年正月五日敍位、執筆左大臣（九條）良平公、□□（関白）□□（九條道家）殿東山殿無御參、依產穢也、

建長七年

建長七年正月五日敍位、於仗座被行之、執□（筆）□□藤原實尙（姉小路）卿、關白殿下（鷹司兼平）昭念院殿依三位局流□事無御參、

正嘉元年

正嘉元年正月六日敍位、執筆左大臣（二條）道良公、關白殿下昭念院殿依勞給事無御參、

弘安七年

弘安七年正月六日敍位、執筆右大臣（九條忠教）報恩院殿□□殿下昭念院殿無御參、

嘉暦二年
暦應四年
貞治五年
同六年
叙位除目の勸盃
叙位奉行

嘉暦二年正月五日叙位、執筆内大臣（近衛基嗣）近衛故殿、關白殿下（鷹司冬平）後昭念院殿無御參、
暦應四年正月六日叙位、執筆按察大納言通冬（中院）卿、關白殿下（一條經通）一条故殿依神木在洛、無御
參内、
貞治五年正□（月）五日叙位、執筆右大臣（久我）通相公、關□殿下（二條良基）二条殿無御參、依神木在洛也、
同六年正月五日叙位、執筆權大納言（九條）忠基卿、關白殿下同上無御參、

大外記中原師茂

叙位除目之時、勸盃藏人頭、甁子五位□□（藏人カ）勿論候歟、而當御代、頭雖祗候、
五位藏人□□（勸盃カ）六位藏人甁子、度々見及之由、仲光語申、不打任之樣候、御
所存如何、今度兩頭不出仕之□者勿論候歟、然而以次爲存知令申候也、
祝言漸雖事舊候、猶不可有盡期候、自他幸□々々、
抑叙位奉行事、仲光夜前奉之由、令申□卒尒纏頭候歟、執筆事爲□（觸）申□
□ッ、下官不申沙汰候之間、不及諷諌候、□　□歟、藏人方要樞申文なと御
入魂候□　□除目なとも、近來ハ奉行職事□　□不叶候歟、叙位可
爲同前候哉、但是ハ御當□　□許にても不可闕如候哉、當時儀不審存候、□

□年成柄少ゝ被免一見候哉、卽可返進候、更不□□懈怠候、氏爵申文ハ付藏人方之条、勿論候哉、藤氏爵ハ執柄直於御前被仰執筆候欤、不參之時儀、又如何、所見候者、可奉候、条ゝ藏人方可存知分、委承存□者、可爲本意候、心事期參會候、恐ゝ謹言、

正月三日　　兼□

四位大外記殿

敍位事、未被下御教書候之間、□　　□忩賜御教書可加下知之由、被傳申□　　□

貞治三年敍位の例

改年御慶等、寂前向御方雖言□(上)□　　□盡期候、幸甚ゝゝ、□早可參賀仕候、抑敍位弁殿(廣橋仲光)御方御奉行、目出存候、卒尒□纏頭察申入候、去貞治三年敍位成柄付進御使候、御覽之後可返賜候、氏爵申文者、□當局候、藤氏者、如仰執柄直於御前被仰執筆候欤、御不參之時、若被付職事候哉、兼又敍□(位)□□勸盃事、當局不綺沙汰事候之間、每度委不□置候、恐恨候、每事可參賀言上候、師茂恐惶謹言、

正月三日　　師茂□

叙位、任例可被申沙汰之状、如件、
正月三日巳剋　　左少弁仲光判

四位大外記殿

叙位、任例可令申沙汰之由、可存知候、仍言上如件、
正月三日酉時　　大外記中原師茂状」

湯始

四日、丙子、天晴、今日湯始也、家君以下行水、□□奉行之、賜酒云々、

今日予方與曰、則築始也、幸甚々々、源次郎□□賜酒、

今日文殿代助豐參入、叙位上文事、猶可加催促□□

叙位勘文

今日載叙位勘文輩、注折紙、存否幷憚有無等、□□四条前黃門隆持卿存知分注付返進之、又以状、叙位必定歟之由、被尋問奉行職事藏人左少弁仲光、此次載叙位勘文輩、注折帋、被尋問之、返事云、叙位依無執筆、領狀被止了、折帋追可進云々、

今日策家輩注折紙、無相違歟之趣、被尋問大藏卿長□□處、無相違之由、申返事、此次臨時　宣下到來分注□

白馬節會四位輔代不參の近例

今日藏人右中弁宣方以狀、白馬節會条々□□載返狀、被答了、四位輔代不參近例、令不審□□

今日目代源左衞門尉國隆令奉行息松竈□□前井等、松提置之、

今日記錄所召次行包・有末并雜仕等參入、申祝□、賜鳥目一連、依無用意、不被副菓子、近年如然、雜仕同賜一連了、菓子不賜之、予分不及申、察不具歟、

葛野御稲に定使を遣す

今日定使左近太郎友永下向葛野御稲、爲悅也、此次明日粁人夫二人可進之由、加下知了、

九條忠基任左大將の拜賀

今日自九条前殿下(經教)、以左中弁長宗(葉室)朝臣奉書、被相觸局勢、來七日左大將(九條忠基)殿可有拜賀并着陣、可□□床子給者、依前關白殿御氣色云々、則被進請文了、

「(頭書)今日助教(中原師秀)殿女房來予方、羞酒、不及引出物、依祝着也、

今日音博士(中原師興)來、羞酒、

今日寮使饗應也、米二斗政所斗被下行之、

今朝敍位事、被下知文殿助豐(和氣)了、參入時、賜之、」

封文
敍位、任例可致沙汰之狀、依仰執達如件、

正月四日　辰剋　　國隆　上

敍位勘文不審

外記文殿

端如上文、忩可被催促進之由、承候也、

爲載敍位勘文不審事、一帋注進候、□〔隨カ〕御才學、注預候者、恐悦候、

獻春御慶等、參會之時雖申達候、猶以不可有盡期候歟、珎重候、故可參賀候、

抑敍位事、御教書到來之間、任例加下知候了、執筆誰人被申領狀候乎、不審存候、可

蒙仰□但執筆無被申領狀之仁候之間、若敍位不□□由、聊其說候之間、尋申入候、如

文書、自今□　□可用意仕候、万一不定候者、帋筆之煩、難□□候、仍內々如此言上

候也、每事期參賀候、恐惶謹言、

正月四日　　師茂 狀

〔廣橋仲光〕
勘解由小路殿

敍位停止

敍位儀被停止候、執筆無領狀之故候、一紙追可返進候、計會之間、止候了、恐々謹言、

正月四日　　仲〔光〕□

九條忠基拜賀

來七日左大將殿可有拜賀并着□（陣）┌　┘床子給者、依前關白殿（九條經教）御氣色、執┌　┘

正月四日　　　　左中弁長宗朝臣判

四位大外記殿

來七日左大將殿可有御拜賀并御着□可候床子之由、被仰下之旨、可存知候、且可令┌

┘其御意給候哉、仍言上如件、

正月四日　　　　大外記中原師茂状

（裏書）
「四日

改年御慶等、寂前雖言上候、猶以不可有┌┘候歟、幸甚〻〻候、早可參賀仕候、

抑一紙進上候、隨御才學被注付候者、┌　┘爲載敍位勘文、不顧其恐、如此言上

┌　┘恐惶謹言、

正月四日

人〻御中　四条前中納言隆持卿

祝言議（マヽ）、雖事舊候、万端御慶等日□□幸甚〻〻、今春早、得參會、可述□詞□
抑一紙加一見候了、隨才學注付候、敍位議（マヽ）奉行職事誰人候哉、宰相于今不蒙催候
之間、不審存候、每事難盡狀候、併期參會候也、恐〻謹言、
正月四日　　隆□

改年御慶、寂前向御方雖言上候、更□　　□盡期候歟、幸甚〻〻候、早令參賀、
可述祝詞□
抑一帋注進候、隨御才學被注付候者、畏入候、今年相當之仁候者、委注預候乎、
兼又去□（年）十一月七日以後宣下事候者、注預候哉、以次申入候、恐存候、每事期參
賀候、師茂謹言、
正月四日　　師茂 狀
坊城殿　御宿所　（東坊城）大藏卿長綱卿

新年之吉兆、於今者事舊候歟、猶以不可有盡期、幸甚〻〻、早速可遂慶謁候、
抑一紙加一見、返進之候、各無子細候、共以□階輩候、可有御勘進候哉、臨時

宣下事、到來□〔分〕注付候、宣旨一向未到候、存知分も、任宣旨候間、不審千万、敍位必定候哉、執筆事昨日まて未定候歟、併期面賀候、恐々謹言、

正月四日　長□

元日節會に座次を争論す

元日節會之時、外弁座事、棟有□〔朝カ〕□長宗朝臣相論候歟、何様落居候哉、被□〔尋〕當局候歟、被注進分可注給候、

祝言事舊候了、猶不可有盡□〔期〕幸甚〱、

白馬節會二省輔代

抑白馬節會二省輔代事、式・兵四位・五位之間、各一人參、可爲何様候哉、近年省略之儀、可注給候、但若無敍位者、輔幷丞代不可入候歟、□□〔執筆〕無領狀之間、大略停止勿論之由、左少弁□　□申候、左右馬頭以下不參之時、共次將勲□〔仕〕□候哉、內豎頭事、申關白候之處、無其□　□申候、不參之時、何様候哉、每度參勿論□　□態、可被勘付候、恐々謹言、

正月四日

表書
進之

白馬節會二省輔代四位輔代不參

祝詞議〔マヽ〕、事舊候歟、不可有盡期候、早可參□〔賀〕□

抑白馬節會二省輔代事、四位輔代不參、□□注進候、無上階者、不可入候、但敍位若不被行候者、輔幷丞代不可入之条、勿論事候、左右馬頭不參之時、共次將勲仕代之条、又其例候、內□〔豎カ〕頭事、不參、近例勿論候、守株被申許候、□可有子細候、

元日節會座次の爭論

兼又元日節會之時、外弁座□藏人左少弁被尋問候き、未及注進候、件□〔座〕□条者先勿〔マヽ〕論候歟、但近年間、弁官依□　□不參着事候哉、委可引勘候之由、存思□　□面賀候、恐惶謹言、

正月四日

白馬節會四位輔代不參の近例

白馬節會四位輔代不參近□〔例カ〕

文和三年正月七日白馬節會、四位輔代□□

同五年正月七日同節會、四位輔代不參、

延文三年正月七日同節會、四位輔代不參、

貞治三年正月七日同節會、四位輔代不參、

同五年正月七日同節會、四位輔代不參、式・兵各五位一人參役、

件年〻四位輔代不參、式・兵各五位一人參役、」

五日、丁丑、天晴、今日文殿助豊代官左近太郎(友永)參入、輔代〔　〕申散狀、敍位不定之由、奉候間、如上文重不及催促之由、〔　〕

鷹司冬通敍位勘文を內覽す

今日午剋家君着朝衣玉帶、出仕給、雜色三人、牛飼狩□(衣)、〔　　〕先參殿下給、鷹司殿、敍位勘文內〻可被召之由、〔　　〕間持參給、而敍位停止之上、御拜賀以前也、旁今〔　　〕覽之由、以藏人左少弁仲光被仰之間、退出給云〻、次〔　　〕殿給、以左馬權頭匡綱(大江)被申入、無御對面、梠原十帖被〔　　〕物也、毎年儀也、次參向內府公(實繼)第給、對面申云〻、□(次カ)

師茂仙洞以下に祗候す

〔　〕一条殿給、以前刑部大輔資高(高階)朝臣被申入、次參仙〔　〕〔　〕給、以範康(高倉)入道被申入、次參向勸修寺一品(經顯)第給、以子息播磨守頼顯申奉(マヽ)、次令向四条前中納言隆持卿宿所給、對面申、次令向大理忠光(柳原)卿宿所給、對面申云〻、其後、歸宅給、

敍位停止

今日家君留守之間、藏人左少弁仲光觸申云、敍位□□(儀)被停止也、可被存知云〻、留守之間、取置了、

久我通相源仲定の申文を進む

今日自久我相國(通相)、以前右京權大夫仲定(源)朝臣奉〔　　〕申文被送之、被入莒、有裏紙・礼紙、以美紙被書之、被〔　　〕被書通一字、留守之間、取置了、

是日文章博士氏種(日野)朝臣進狀於家君云、行長(日野)從上〔　　〕定被載勘文歟、然而故令申候云〻、

留守之間、取置了、□□行長敍爵年月日當局不存知之間、今度不載勘文也、
今日右馬寮沙汰者、白馬節會奏案進之、無相違候哉、參差事候者、可沙汰賜云々、留守間、
明日可持來之由、仰之了、

補任歴名暦

今夕爲頭右中將公時朝臣（三條西）奉行、禁裏御補任歴名并御暦一卷上三行置被下之、家君留守之間、
不及請文、賜置了、

敍位停止

今日敍位議（マヽ）停止、執筆無領狀之故也、
（裏書）「五日
敍位儀所被停止也、可被存知之狀、如件、
正月五日　左少弁仲光判
四位大外記殿」
六日、戊寅、天陰、午斜以後雨降、終日不休、

北山科御稲に定使下向す

今朝定使源次郎下向北山科御稲、美紙廿枚・中紙一帖遣之、及晩歸來、幸甚、、、紙者
予賜之、鏡餅七□（枚）□小餅三十八枚・赤蔞切廿六・皆籠八到來、白小餅五□（枚カ）□足、赤蔞切

鏡餅赤蔞切

二枚增、都合近年沙汰分三枚不足、可□問答□菓子三褁副之、持參夫丸賜一提・二種肴、

北山科御稲の荒廢

任例鏡賦之、見文書、鏡一枚・白小餅七枚・赤蔞切六、去貞治元年以後荒田三段分減少、

而自貞治四年刑部入道智淨雖耕作、如此公事物、申子細、不致沙汰也、

亡父月忌

今日先考〔師右〕月忌也、於御靈供者、去冬引上備之、予唱光明眞言千反、奉訪御菩提者也、

今日西園寺中納言公永卿觸申云、明日可着□〔陣、〕□　□被催具云々、可加下知《存知》之旨、被出請文了、此間前□　　□奉書、兩度除目聞書可被進云々、仍被書進了、

田原御稲より若菜籠等到來す

今日自田原御稲若萊〔マヽ〕十五籠・御使鏡二枚・小□〔餅カ〕□　□到來、則賜返抄、雖申酒、無先例之間、不賜之、

安滿御稲より鏡餅炭到來す

今日安滿御稲鏡七枚・炭二籠、掃部助入道淨寶□　□鏡ハ先例十枚也、三枚不足、仍此子細被仰返事了、

西九條御稲より若菜繩等到來す

今日西九条御稲若萊〔マヽ〕・繩等進之、不賜酒例也、

今日右馬寮沙汰者、進奏案、而令參差之間、書直被遣了、可早參之由、被下知之、

今日左馬寮沙汰者、奏所望之間、可書賜之由、被下知了、

〔頭書〕「五日雖可向、昨日家君出仕給之間、共指合間、今日下向者也、先々如然、

近衛家補歴

今日自近衛殿、以前民部權少輔行冬奉書、御補歷并御曆等被下家君、可直進云々、忩可直進上之由、被進請文了、」

明日可着陣、任例可被催具狀、如□(件、)

正月六日　　　權中納言(西園寺公永)　判

四位大外記殿

明日七日可有御着陣、任例可令□　□謹奉候了、早可存知候、師茂誠恐謹□(言、)

正月六日　　　大外記中原師茂

七日、己卯、朝間陰、未剋以後屬晴、未剋小雨下、則止、

勸盃

今日勸盃如例、强物如例、幸甚〻〻、

未明藏人右中弁宣方(中御門)進御教書云、今日節會剋限、眞實可爲巳一點、可存知云〻、礼紙云、御咳氣之間、入夜□(出カ)御不可叶之由、被仰下云〻、可存知之旨、被答了、

今朝左馬寮奏書賜沙汰者了、近年不知案內之由、歎申□以別儀書賜了、

師茂參陣す

未剋家君着朝衣、巡方、柳下襲、扇次第、有同車二﨟外記師□(興、)(中原)巡方、束帶、音博士、參陣給、節會被忩之故也、

中文國は大和參河の兩國

九條忠基任左大將の拜賀

入夜亥剋西園寺中納言參入、有着陣、納言後、被問□(時)於陣官、有中文儀、家君起仗座、紆(マヽ)立給、大弁不參、直左少弁藤原(廣橋)仲光藏人、座頭左大史小槻兼治、中文右大史高橋秀職、中文國大和・參河、馬析右大史三善家連、藏人左(右中)少弁仲光(宣方)下藏人方吉書、則下同弁〻(左中弁長宗朝臣、〻〻)下兼□次左大將殿(九條忠基)

被申拜賀、大將之後、　中次藏人右少弁藤原(葉室)宗顯、　御舞踏之後、　着殿上給、　有御前召云々、　次
「　」着陣、　不及被問時、　先有本陣儀、　如例欤、　年預□中將藤原(八條)季興朝臣・左少將同(清水谷)實博、
今日任少將、　本陣儀□有御着陣、　先着冝陽殿給、　次着仗座給、　有中文□大弁不參、　直左中弁

中文國は常陸美濃の兩國

藤原長宗朝臣、　座頭左大史兼治、　□文右大史秀職、　中文國常陸・美濃、　馬析右大史□連、
藏人右少弁宗顯下中藏人方吉書、　則召左中弁長宗朝臣 下同弁、弁下兼治、

大炊御門宗實任大納言の拜賀

次權大納言藤原(大炊御門)宗實卿申拜賀大納言後、　申次□□(藏人カ)「　」大丞藤原懷國、極﨟、　次着殿上、　有御前
召欤、　可有着□於內裏雖被相觸、　兩局計會之間、　無其儀、

白馬節會

子剋被始行節會、　內弁權大納言藤原□(忠)「　」外弁權大納言藤原宗實卿未着陣・權中納「
」・同公永卿・同(正親町)實綱卿・參議同(土御門)保光卿・平(西洞院)行時卿・「　」(西大路)隆仲朝臣・少納言平棟
有朝臣・右少弁藤原宗顯□□(藏)・「　」記中原康隆分配・右大史秀職・官掌中原國豐・召使□(和)

足利義詮薨去に依て國栖歌笛立樂を停止す

□(氣カ)助豐等着之、　置式如例、　國栖・哥笛共停止、立樂北陣□犯等同停止、依鎌倉大納言(足利義詮)事也、
敍位方事同无□(之、)□敍位停止也、　　宣命使行時卿、御酒勅使(武者小路)教光卿、左□(右)□代左中將藤原(法性寺)親
忠朝臣・右中將同(近衛)嗣尹朝臣、　左右馬□(奏)取次將左少將藤原(中山)親雅、　左右馬奏先規無取次將□
進之、　不參之時、　陣官進之、　先例也、　而貞和度九条□(前)「(經敎)　」弁御勲仕之時、　取次將有之
由、　被記置之間、　雖非□(本)「　」可有取次之由、　被仰之了、　可否難知、　祿所隆「　」宣

九條忠基左馬寮御監今出川公直右馬寮御監宣下

正親町實綱帶劒勅許

方・史秀職等也、御馬三疋引渡之云〻、

「(頭書)今日家君御參陣次、節會外弁座、弁・少納言任位次參着例、引勘被付藏人左少弁□(仲光、)□先日被尋問之故也、

今日於內裏、左右大將御監事、被宣下、□大將上卿權中大納言(大宮)尚實綱卿、則成宣旨、於左馬寮御監者、於內裏內〻被付左中將季(八條)興朝臣、右大將權中納言實綱卿、於右馬寮御監宣旨者、不被付進之、當時菊亭殿爲仙洞之間、右幕下(今出川公直)傍被坐、無其砌欤之間、六位□(外)記持參、可爲無骨之間、不被付進也、

今日權中納言實綱卿□(帶)劒宣旨於內裏到來、又侍從□(實)博任右少將事、宣旨到來、而可爲左之間、可宣下直云〻、

造酒正不參之間、內豎勲代、」

今日節會剋限、別而被悤之間、可爲巳一點□□(候、可カ)存知候也、仍執達如件、

正月七日 卯剋　　右中弁宣方

四位大外記殿

內〻中

御咳氣之間、入夜候者、不可有出御之由、被仰□〔下〕候也、

今日節會剋限、別有被忩子細、可爲巳一點、□〔存〕□□旨、諸司可早參之旨、殊可被加下知、且今間□□可被催儲之由、其沙汰候也、仍執達如件、

正月七日　辰剋　國□〔隆カ〕

外記文殿

白馬節會外辨座辨少納言任位次參着の例

節會外弁座、弁・少納言任位次參着例

元德二年

元德二年正月七日節會、外弁座右中弁平定經朝臣・少納言源家房朝臣着之、

建武五年

建武五年正月十六日節會、外弁座權左少弁藤原〔吉田〕國俊朝臣・少納言平行時任位次着座、

曆應二年

曆應二年正月十六日節會、外弁座左少弁平親名・少納言平成棟任位次着之、

康永二年

康永二年正月一日節會、外弁權〔マヽ〕左中弁藤原〔柳原宗光〕□光朝臣・少納言平惟淸着座、右少弁仲房〔萬里小路〕任□□着少納言上之由、令申之、雖着座、少納言依□〔申〕□□加問答之間、右少弁起座了、

觀應二年

觀應二年正月七日節會、外弁座右中弁藤原〔武者小路〕教□朝臣従四位下・少納言菅原豐長従五位下着之、

延文二年
延文二年正月十六日節會、外弁座權右中弁平親顯朝臣・少納言平時淸着之、
同三年
同三年正月十六日節會、外弁座權右中弁親□朝臣・少納言藤原信家着之、
貞治二年
貞治二年正月十六日節會、外弁座左□　□朝臣・少納言菅原（東坊城）秀長着座、
此外猶存例、兼又弁官依位次上□　□少納言下事、在之乎、

外任奏
外任奏　加札紙入莒、
加賀守三善朝臣勝衡　從五下、　貞治三正五敍、
丹後守賀茂朝臣員定　從五下、　敍不、
右件等人任符未出、
貞治七年正月七日

御酒勅使
御酒　勅使交名　如此雖被用意、不入、分配外記康隆用意之、

左
長重朝臣　一　前左京權大夫　正四下、源、
廣衡朝臣　三　前大藏權大輔　從四下、□（三善）

右
仲定朝臣
仲名朝臣

二　前右京權大夫　從四上、源、
四　前中務權大輔　從四下、源、

白馬節會豐樂の宣命案

例宣命　黄紙
天皇我詔旨良万止宣布大命乎衆諸聞□〔食〕倍止宣、今日波正月七日乃豐樂聞食須日尓□〔在〕□故是以御酒食倍惠良岐常毛見留青支馬見□□退止爲天奈牟酒幣乃御物給波久止宣
貞治七年正月七日

有裏紙、加礼帋、

左馬寮奏

左馬寮謹奏
合壹拾壹疋
一七
權頭大江朝臣匡綱貢葦毛　頭源義滿〔足利〕服□□間除之、
助　藤原朝臣行淸貢葦毛

權助源朝臣清治貢葦毛
二七
助　藤原朝臣行清貢葦毛
權頭大江朝臣匡綱貢葦毛
權助源朝臣清治貢葦毛
三七
權頭大江朝臣匡綱貢葦毛
助　藤原朝臣行清貢葦毛
權助源朝臣清治貢葦毛
右、任例謹奏如件、
貞治七年正月七日
従五位上行權助源朝臣□□(未)
従五位下行助藤原朝臣□□(未)
正五位下權頭大江朝臣□□(未)
御監正二位行權大納言兼左近衛大将藤原(九條忠基)朝臣忠□

右馬寮奏

（有裏紙　加礼帋、）
右馬寮謹奏

合壹拾壹疋

一七

權頭三善朝臣基統貢葦毛　頭□

助　源朝臣長兼貢葦毛

二七

助　源朝臣長兼貢葦毛

權頭三善朝臣基統貢葦毛

三七

權頭三善朝臣基統貢葦毛

助　源朝臣長兼貢葦毛

右、任例謹奏如件、

貞治六年正月七日　正五位下行助源朝臣未□

〔雖〕
（□未拜賀、大將之後、被加署、）　正五位下行權頭三善朝臣未□

御監正二位行大納言兼右近衛大將藤原（今出川公直）朝臣□

（裏書）「七日

口宣一紙獻之、早可被下知之狀、如件、

正月七日　　　　權大納言（大宮實尚）判

四位大外記局

貞治七年正月七日　　宣旨

左近衛大將藤原朝臣（九條忠基）

宜爲左馬寮御監、

藏人頭右近衛權中將藤原□

九條忠基任左馬寮御監の宣旨

不被出之、
跪請

宣旨

左近衛大將藤原朝臣

宜爲左馬寮御監、

右　宣旨、早可令下知之狀、跪所請如件、師茂誠恐頓首謹言、
貞治七年正月七日　大外記中原□□（師茂）
正二位行權大納言兼左近衛大將藤原朝臣忠□
從二位行權大納言藤原朝臣實尙宣、□□宜以件人、爲左馬寮御監、者
貞治七年正月七日　大炊頭兼大外記下總守中□□
口宣一紙獻之、早可被下知之狀、如件、
正月七日　權中納言（正親町實綱）判
四位大外記殿

今出川公直任右馬寮御監の宣旨

貞治七年正月七日　宣旨
右近衛大將藤原朝臣（今出川公直）
宜爲右馬寮御監、
權中納言藤原　判奉

不被出之、
謹請

宣旨

右近衛大將藤原朝臣

宜爲右馬寮御監、

右　宣旨、早可令下知之狀、謹所請如件、師茂□謹言、

貞治七年正月七日　　大外記中原師茂狀

権中納言

正二位行大納言兼右近衛大將藤原朝臣公直

權中納言從三位藤原朝臣實綱宣、奉　勅、宜以件人、爲右馬寮御監、(マヽ)

貞治七年正月七日　大炊頭兼大外記下總守中原朝臣師□

口宣一紙獻之、早可被下知之狀、如件、

正月七日　右衛門督(柳原忠光)判

大外記局

正親町實綱帶劒勅許の宣旨

貞治七年正月七日　　宣旨

權中納言藤原朝臣綱

宜令聽帶劒、

權中納言兼右衞門督藤原□□

不被出之、

謹請

宣旨

權中納言藤原朝臣綱

右　宣旨、早可令下知之狀、謹所請如件、師茂恐惶謹言、

貞治七年正月七日　　大外記中原師□〔茂〕□〔狀〕

不及遣本人、

權中納言藤原朝臣實綱

權中納言從三位兼行右衞門督藤原□〔朝〕□　□宣、奉　勅、件人、宜令聽帶劒、者

貞治七年正月七日　大炊頭兼大外記下總守□　□

清水谷實博任右少將の宣旨

口宣一枚従五位下藤原實博任右近衞權少將事獻之、早可［　　］狀、如件、

正月六日　　權中納言判實綱卿

四位大外記局

貞治七年正月六日　　宣旨

從五位下藤原朝臣實博

宜任右近衞權少將、

權中納言藤原　判奉

宣旨

從五位下藤原朝臣實博元侍從延文六三廿七敍

宜任右近衞權少將、左少將所寂末、

不被出之、

謹請

右　宣旨、早可令下知之狀、謹所請如件、［　］恐惶謹言、

貞治七年正月七日　　　　大外記中原師□

（裏頭書）『可爲左少將□　□可被宣下直云〻、』

白馬節會散狀

散狀

白馬節會

公　卿

忠基卿 左大將　　宗實卿 大炊御門大納言

爲忠卿 新中納言　　公永卿 西園寺中納言

實綱卿 權中納言　　保光卿 藤中納言〻〻〻宰相

行時卿 新宰相　　參議 隆仲朝臣

少納言

從四上、平 棟有朝臣

弁

藏人左少弁 仲光 正五上　　藏人右少弁 宗顯 正五上

藏人右中弁 宣方 奉行 正五上

次将
左
中將 源 顯邦朝臣　中將 藤 基光朝臣
中將 藤 季興朝臣　中將 藤 顯保朝臣
中將云々、親忠朝臣　少將 親雅
少將 實博
右
中將 嗣尹

合見參
分配少外記康隆用意之、仍入近衛次將清家例也、
合見參五位已上

從一位（良基公）前關白、前左大臣、內覽、
關白左大臣（冬通公）從一位
權大納言藤原朝臣忠基（正二、左大將）
藤原朝臣宗實（從二位）
權中納言藤原朝臣爲忠（從二位）

藤原朝臣公永〔從三位〕
藤原朝臣實綱〔從三位〕
參　議藤原朝臣保光〔從三位〕
平　朝　臣行時〔從三位〕
藤原朝臣隆仲〔正四下〕
正四位上中原朝臣師茂〔大外記、大炊頭、下總守、穀倉□□〕
正四位下源　朝臣顯邦〔左中將〕
藤原朝臣長宗〔左中弁〕
藤原朝臣基光〔左中將〕
從四位上藤原朝臣季興〔左中將〕
藤原朝臣隆廣〔左中將〕
藤原朝臣□□〇破損、
從四位下平　朝臣棟有〔少納言〕
藤原朝臣親忠〔左中將〕
藤原朝臣嗣尹〔右中將〕

正五位上藤原朝臣宣方 藏人、右中弁
藤原朝臣仲光 藏人、左少弁
藤原朝臣宗顯 藏人、右少弁
正五位下小槻宿祢兼治 左大史、主殿頭
從五位下藤原朝臣實博 左少將
貞治七年正月七日

合見參五位已上
大臣二人　𥿻絹百　疋各五十疋　綿八百屯各四百屯
大納言二人　𥿻絹六十疋各三十疋　綿四百屯各二百□（屯）
中納言三人　𥿻絹七十五疋各二十五疋　綿四百五十屯各百〔　〕
參議三人　𥿻絹六十疋各二十疋　綿三百屯各〔　〕
四位十人　𥿻絹六十疋各六疋　綿五百□（屯）〔　〕
五位五人　𥿻絹二十五疋各五疋　綿百□（屯カ）〔　〕

應下
絹二千疋
綿一万屯
用
絹三百八十疋
綿二千五百五十屯
殘
絹千六百二十疋
綿七千四百五十屯
貞治七年正月七日

精進

八日、庚辰、天晴、入夜子剋已後雨下、今日予精進、［　　］遙拝六角堂・因幡堂・北斗、
今日家君不被修因幡堂百度、是助教殿方□［　　］穢未卅ヶ日之故也、
今日家君不物詣給、依産穢卅ヶ日以前也、

鞍馬寺より牛王を進む

是日自鞍馬寺牛王一枚進之、又私分同有之、［　　］
今日家君正月相節下行始也、二石〈政所斗〉雑仕大宮任例走舞例也、鏡一枚・置菓子賜雑仕、

女敍位停止
講師不參に依り御齋會を延引す
節分方違行幸
仕人饗應日
勸盃
主上上皇正月中御移徙の例
康平三年の例

文庫開始之時被進鏡也、
今日女敍位停止、依無敍位也、
今日御齋會延引、講師不參之故也、於眞言・太□□（元法カ）被始行之、太（マヽ）言法安祥寺興雅、眞言法大阿闍□（梨カ）□院大僧正定憲云々、御齋會奉行職事藏人右中弁（中御門宣方）□（宣カ）□
今夜節分御方違　行幸別殿云々、
「（頭書）今日仕人饗應日也、而近年不及沙汰、熒食以下不被勲仕故也、
今夜節分□（大）□豆自大方雜仕進之、源左衞門尉國隆□之、又有勸盃、
今日陰陽大□□（屬　久）（惟宗）盛尋申云、□□（公家カ）御移□（徙カ）（マヽ）正月中例候者、注承候、仙洞御移徙（マヽ）なと所見候者、可承候、康平三年□（正カ）月十九日被立高□□（陽院）候□□（渡）御如何候、觀□四□
□（移）□（マヽ）徙正月中例、無所見、□（但）□□儀一□□（旨注）進候、不被□□（移）（マヽ）徙礼之由、所見候、不□常御方違行幸之間、注申候、兼又康平三年正月渡御高陽院事、無所見□（候カ）御移徙（マヽ）□
」」
「（裏書）　○後日加筆の爲、九日裏頭書の体裁となつてゐる、
八日
公家御移徙（マヽ）正月例事

治承四年五條洞院第に遷幸
立春强飯
勸盃
敍位停止
一座宣下

治承四年正月十日癸亥、遷幸五条東洞院第、前大納言邦綱(藤原)卿家也、今年正月四日可有遷幸之由、議定了、諸司・諸衞少々參陣之□(後)俄延引了、年始七日以前□(行)幸朝覲之外、猶□其謂、又件日重日也、□(仍)沙汰出來、被留了、
內侍所・春宮(言仁親王)・中宮(建禮門院)同渡御、□夜不用移徙(マ)礼、只如御方違行幸於五条殿、有□(藏)人方吉書事、無官方吉書幷陣申文、」

九日、辛巳、天霽、朝間陰、午剋已後晴、
今日立春朔、毎事物吉、幸甚、、、早旦向吉方、手水所作如例、强物予・大炊權助師豐・次郎等食之、□被略强物、今朝有勸盃、幸甚、、、
今日敍位停止、近例幷於陣座被行年々、被付藏人左少弁仲光(廣橋)、去七日爲彼奉行被仰下之故也、此次殿下(鷹司冬通)□(一)座 宣下事、未到之間、十六日相國(久我通相)可有參之由、有□(其カ)聞、如見參可有義、其以前到來候之樣、可有御伺趣、被□遣仲光、爲殿下執事之間、如此被示合、返事云、兩条例□(可)披露、一座 宣下事、職事緩怠責而有餘事也、忩可伺申□□此次親父前中納言兼綱(勘解由小路)卿以狀、先日(借申)敍位申文被返□□
「(裏書)九日
立春之朔珎重存候、

一座宣下

久我通相踏歌節會參仕

祝言等、參會之時、雖事舊候、猶不可有盡□□幸甚〻〻、

抑自　禁裏被尋下候兩條例、一通隨所見注進仕候、內〻可有御進入候哉、兼又一座宣下事、于今未到候、何樣候哉、相國十六□節會可有出仕歟之由、其聞候、若其以前〔無〕□　宣下候者、如見參可有義候歟、急〔速〕□□樣、內〻可被申殿中候歟、恐惶謹言、

正月九日

勘解由小路殿

敍位停止の近例

兩條

一　敍位停止近例

文和二年敍位停止、依無執筆也、

同四年敍位停止、依世上物忩、臨幸江□□故也、

延文二年敍位停止、依春日神木〔還〕□□金堂也、

同五年敍位停止、依兵乱也、

康安二年敍位停止、依世上物忩、□　□州之故也、

貞治四年敍位停止、依諒闇也、

敍位陣座に行ふ例

一　敍位於陣座被行例

建久十年正月五日敍位、於陣座被行之、攝政殿下（藤原基通）依御勞事、無御參内之故也、

建長七年正月五日敍位、於陣座被行□關白殿下（鷹司兼平）准攝政以後、於御直廬可被□

處、依三位局觸穢事、御參内不可□□（叶カ）故也、

延文六年正月五日敍位、於陣座被行之、□（依）御不豫也、

此外永仁六年十月十日御卽位、敍位於陣座被行之、依攝政殿下（鷹司兼忠）御所惱事也、

大外記中原師茂

祝詞面賀之時、申承候了、日新重疊、不□□（可）盡期候、幸甚、、、今日又添一段之

吉□□（慶）敍位停止例、一通賜候了、可披露候、

一座　宣旨事、職事緩怠責而有□欤、忩可尋申候、十六日以前遵行之条、□然

候、恐〻謹言、

正月九日　　仲□（光カ）

師茂九條經教に祗候す

十日、壬午、天霽、今日午剋家君着朝衣、參九□殿下給、有御對面云〻、前殿（九條經教）令着烏帽子

師茂西園寺實俊に祇候す

・直衣給、退□（出）時、家君稱微唯給云々、次參向西園寺前右府（實俊）第給、□有對面、被着布衣給、
退出之時、不及微唯云々、及晩歸□

終夜降雨

十一日、癸未、天晴、入夜亥剋以後雨下、終夜不休、

禁裏補任歷名踏歌節會

今日禁裏御補任歷名幷御暦致沙汰、付頭中將公時（三條西）朝臣被返上、此次踏哥節會御奉行候欤、
御教書未到之由、□　□返事云、御補歷幷御暦返賜候了、忩可進上候、踏歌□（節）□申沙
汰候、御奉書未到以外候、可被申沙汰云々、

藤原賴宗從一位敍日不審

今日堀河右大臣賴宗公一品時敍日事被注獻內□　□先日參向給之時、被不審故也、

近衞家補歷

今日近衞殿御補歷・御暦等被返上、慥到來之由□　□

祈始

今日祈始事被尋問陰陽大屬久盛（惟宗）之處、注申明□（後）□件日、酉日十死一生也、重被尋問之
處、不可有苦、遠行其□　□如此御祈日次、禁裏・仙洞注進之由、被申候、然而猶被懸御
□（意）□者、明日雖申日、可被着用云々、仍明日可參之由、被仰經御□（房カ）道性房了、

鎭惠に熊野牛王を遣す

（頭書）「今日伊与僧都鎭惠遣熊野牛王、私分同有之、國隆取之、
今日安藝法眼任潤以狀、賀州國司姓名令不□（審之カ）□間、被注遣了、」

大炊寮吉書 齒固 御粟園管領

今日寮吉書也、先有齒固儀、年預未補之間、目□（代）左衞門尉源國隆、依御粟園管領年預領也、一円知行、
□（調）□

先家君着束帯給、玉帯、於二間見鏡給、〔　　〕左衛門尉國隆着布衣、役之、次助教師秀〔中原〕・縫〔中原師有カ〕〔　　〕等被見之、次予於同所見鏡、向福徳方、次愚〔息カ〕□〔　　〕師豊於同所見之、予見鏡也、各國隆役之、其〔　　〕家君御妾物、於内二間被見之云々、次於助教殿方女〔房カ〕□〔　　〕次於予青女幷赤子・次郎等見之、自大方鏡一〔　　〕幸甚〻〻、去々年八二枚賜之、去年一枚有之、所見鏡進大方、面々所見鏡、以吉日被進祇園社之故也、

勸盃

次有吉書儀、家君先手水・大麻如例、次於庭上□〔数〕二拜給、次有勸盃、前物國隆一円調進之、山城鎰□尊千代調進之、國隆勤陪膳役、攝津鎰取友□〔永カ〕〔　　〕不調進前物之間、以二獻前物三獻有之、次以三〔　　〕賜酒於國隆、引出物被語仰之、次參本寮行之、不及乘馬、内々〔　　〕於本寮邊〔　　〕五万石

山城鎰取
攝津鎰取

六車御稲仕女役之、仍自政所被下行之、三万石〔　　〕役也、而年預未補、年預領國隆知行之間、國隆被〔　　〕富使久友云々、米稲等持參之時、賜鏡一枚、

六車御稲仕女役

「(頭書)角明□□幷八嶋殿分御□紙中紙二帖・鏡二枚被進之、是八山城鎰取尊千代取之云々、」

「(裏書)十一日

藤原頼宗の敍位日

先日師茂參仕之時、蒙御定候堀河右□〔府〕〔　　〕位敍日事、隨所見注進別紙候、非先〔　　〕可得其御意候乎、恐々謹言、

正月十一日　　師茂

中㔟大輔殿〔忠兼朝臣〕　被獻内府、〔實繼公、〕

堀河右府敍一品時敍日事

藤原頼通

左大臣　宇治殿〔頼通公〕

寛仁五年正月七日敍從一位、于時關白、内大□

同年七月廿五日轉左大臣、關白、

康平三年七月十七日辭左大臣、

藤原教通

右大臣　大二條殿〔教通公〕

長和四年十月廿一日敍正二位、造宮行事賞、

永承二年八月一日轉右大臣、正二位、左大將、

天喜六年正月七日敍從一位、元内、

康平三年七月十一(マヽ)日轉左大臣、

藤原頼宗

内大臣　頼宗公

永承二年八月一日任内大臣、正二位、右大將、元權大納言、

天喜六年正月七日聽輦車、

同日敍從一位、
康平三年七月十七日「　」
今案內大臣賴宗公天喜六年□〔正〕「　」
敍從一位、于時左大臣自元從一□
同日被敍一品乎、

一紙注賜候了、爲悅候、所詮無先□□〔規〕歟、事々期面之狀、如件、
正月十一日　內府判

年始御慶等、於今者漸雖事舊候、日新重疊、更不可有盡期候歟、幸甚、、、□早
可參賀仕候、
抑踏歌節會御奉行候乎、御敎「　」不到來候之間、不審存候、仍尋申入候、蒙仰□畏
入候、每事可參賀言上候、恐惶謹言、
正月十一日　□□〔師カ〕
正親町殿〔頭中將公時〕

踏歌節會奉行

祝言等誠雖事舊候、追日重疊、更不可有盡期候、珎重〳〵、猶以面謁、可述悅緒候也、

抑十六日節會申沙汰候、御奉書未到不審候、仕人之懈怠候歟、任例定可被催沙汰候歟、他事猶期後時候、謹言、

正月十一日　公時

追申

禁裏御補任歷名幷御曆返賜候了、忩可進上候、」

十二日、甲申、申剋霰下、則止、今曉寅剋許雨休、

踏歌節會

今朝踏歌節會事、被下知文殿代助豐（和氣）、此次樂前迴文被遣之、忩相觸可申散狀之旨、被下知、雖御教書未到、先被下知了、

祈始

今日祈始也、道性房參入、又故信智房子息僧相副參入、道□（性）讀仁王經、賜酒・三種肴・□菓子等、引出檀帋一帖、賜道□□（性）、持佛堂破損之間、於內持佛堂讀仁王經、於同所賜酒了、

記錄所始

今□（日）召次有末持來記錄所迴文、明日可有記錄所□（始、）〔　〕開闔兼治（小槻）進狀云、權右中弁資康（裏松）復任事、舊冬中御〔　〕哉、如迴文先令除候了、彼除書可申請候、又白馬〔　〕条〻、

可尋申候、可注預候云々、迴文家君進奉、予〔　　〕由載之、被遣開闔返事云、權弁復任事、舊冬廿四日申〔　　〕聞書書進候、白馬節會御不審事、奉候了、存知分可注進□

白馬節會

今日頭中將公時朝臣觸申家君云、十六日節會、任例可被□沙汰云々、可存知之由、被出請文了、

筆匠

今日五条筆匠進筆二十管、後日可參之由、被下知、又使部國有筆十管進之、仍米二斗政所下賜之、先之一兩度進筆之間、旁賜候了、畏申也、

南山科御稻去年分の藁未進

今日南山科御稻供御人木幡彥三郎、去年藁未□(進カ)〔　〕束幷若萊(マヽ)皆籠二致沙汰、藁今一束未進、〔　　〕分了、不賜返抄、若萊(マヽ)之時進繩之處、不進、忩可□(進カ)〔　〕

(頭書)「今夕自伊賀新居有音信、小兒戴六枚□三□(枚)□(外)□□許、今三枚□□大□云々、其外青女許鏡三枚・赤鏡□(餅)二枚、又大角豆・味噌・大豆・紙袋□(三)到來、侍從許鏡一枚・小餅五枚、生子許鏡一枚有之、

今日故女房月忌也、於靈供者窮冬引上備之、予唱光明眞言千反、訪菩提者也、所作已後魚食而已、」

十六日節會、任例可被催沙汰之狀、〔　　〕

正月八日　　　　　　　右中將（三條西公時）判

四位大外記殿

十六日節會、任例可令催沙汰之由、可存知□仍言上如件、

正月十二日　　　　　大外記中原師茂狀

（裏書）
「十二日

樂前五位迴文被遣候、忩相觸可申散狀之由、可被加下知候、中務省□□事、可被申職事候、可被參申□□由、其沙汰候也、

踏歌節會樂前五位

封文
踏歌節會、任例可被致沙汰□□執達如件、

正月十二日

外記文殿

散　位源朝臣仲興

伊豫守源朝臣仲雅

散　位源朝臣仲持
（マ）左馬助源朝臣長兼
右馬權頭三善朝臣基統
左馬權助源朝臣清治
右、踏歌節會樂前五位、任例各可被□□狀、所廻如件、
貞治七年正月十二日

記録所始參仕の人々

師茂朝臣 四位大外記
（菅原）在胤朝臣 大學頭
師守 主稅頭 難參事候、
（中原）章世 博士大夫判官
（坂上）明宗 大判事
（小槻）光夏 新太夫史

（菅原）時親朝臣 治部卿
（中原）師連 中大外記
（中原）師香 掃部頭
（清原）宗季 大博士 故障候、
兼治 大夫史

右、明日十三日可有記録所始、各如法、辰一□可被參仕之狀、所廻如件、

貞治七年正月十二日 午剋

」

足利尊氏義詮官位昇進

十三日、乙酉、天陰、酉斜以後雨降、

今朝勘解由小路侍従宰相行忠卿〔世尊寺〕尋申家君云、等持□〔院〕殿〔足利尊氏〕・故大樹〔足利義詮〕兩代昇進次第可注賜云々、

則被注遣之、武□命云々、

記錄所始の儀
中風症を病む

今日午斜家君着朝衣玉帶、參記錄所□ □記錄所始也、予可參仕之處、中風所勞□〔不〕□ □

爲恐、寄人左少弁仲光藏人、端座、勾當・四位大□□〔外記〕□ □束帶、奥座・大博士宗季束帶、端座・大判事明宗

束帶、ゝ□〔劔、カ〕端座、宗□ □・□夫史兼治束帶、奥座、開闔、家君次等參仕、補鈠、古物云々、有吉書、寄人等雜仕覽之、各

加署、其儀如例、弁・史生、、覽之、明宗直着到日、自上首□ □名字、見參折紙明宗書

之、付開闔、ゝゝ以雜仕付□弁了、

〔頭書〕「今日無議定、記錄所始許也、」

師茂久我通相に祗候す

今日記錄所始早之後、家君參向久我太相國〔通相〕□〔第〕□ □未參向給之故也、以愛宕中將長具朝臣〔源〕

被□〔申〕□ □今日於記錄所、自殿下藏人左少弁仲光奉書到□〔來〕是御拜賀可爲來十六日、可□〔被カ〕

候床子云々、礼□〔帋〕云、月□〔奏〕□ □同可被存知云々、祗候記錄所給之間、未被出請文、且可存

□ □□〔由〕被答了、

着到書様

同七年　着到書様

正月

十三日

師茂　宗季 番

明宗　兼治

見參折紙書様

記録所　見參折帋書様

正月十三日見參

仲光

師茂朝臣

宗季 番

明宗

兼治

久我通相の任太政大臣拝賀

御拝賀可爲來十六日、可被候床□依　殿下御氣色、執達如件、

正月十三日　　　　左少弁仲光

四位大外記殿

追申

月奏事、同可被存知之由候也、

未被出之、
御拝賀可爲來十六日、可令候床子之由、被仰下之旨、早可存知候、可令得御意給候□(哉、)

仍言上如件、

正月十三日　　　　大外記中原師□

退啓

月奏事、同可存知候、恐ゝ□(謹)□

(裏書)
「十三日
吉書書様
記録所

勘申、加賀國所當大藏省納物本數事、

調綾壹疋

吉書書様

緋絹捌疋
黄絹拾陸疋
帛絹陸拾肆疋
白絹捌疋
紅花
中男紅花壹斤
正税交易絹佰貳拾玖疋

右、依　宣旨勘申□〔如〕件、

貞治七年正月十三日
光夏
正五位下行左大史小槻宿祢
正五位下行主殿頭兼左大史小槻宿祢兼治
防鴨河判官正五位上行大判事兼明法博士左衛門大尉參河介坂上□　□
正五位上行主計頭兼博士清原眞人宗□
章世
正五位上行明法博士兼左衛門大尉中原朝臣
師香
正五位上行掃部頭中原□〔朝〕□
師守
正五位上行主税頭中原□〔朝〕□

師連
正五位上行大外記中原□

在胤朝臣
正四位下行大學頭菅□

時親朝臣
治部卿正四位下菅原朝□〔臣ヵ〕

正四位上行大炊頭兼大外記下總守中原朝□

宗顯
正五位上行右少弁藤原朝臣

藏人 勾當
正五位上行左少弁藤原朝臣仲光

資康 服解
權右中弁正五位上藤原朝□

宣方 藏人
右中弁正五位上藤原□

長宗朝臣
正四位下行左中弁藤□

頭右大弁（萬里小路）嗣房解服
未復任之間、不載之、

弁官着到書様、史〔生〕□、、書之、有籤、

同六年

正月

十三日

左少弁 藏人

十四日、丙戌、天晴陰、未剋小雨下、則止、

踏歌節會樂前五位

今日家君以狀被示遣頭中將公時朝臣云、踏哥節會[　]五位事相催候之處、面〻申子細、迴文進上候、別無御□□〔沙汰カ〕者、可御事闕候、兩人可入候、坊家奏取次將事、以參陣次將內、剋限可被仰候歟、內弁誰人可被參候哉、不審存候、兼又踏哥節會者、版標共中務所役候、兼日加下知之處、今年不被御訪之□〔間カ〕不可參之由、令申之間、其子細可參申入之[　]助豐候了、已言上候哉、不御事闕之樣、別可有申御沙汰之趣[　]返事注左、

御齋會始

今日、御齋會自今日被始行歟之由、以狀被尋藏人[　]今日猶延引、可爲廿二日之由、沙汰候之由、有返事、注左、

足利義詮位牌の書式

今日侍從宰相行忠卿注折帋、故大樹位牌事[　]等持院贈左府文和度位牌樣、被書遣了、又[　]尋申云、典廐願文位署事、注一帋令不審之間、□□〔被〕付早、依武家命□□〔相尋カ〕之歟、

節會外辨座等着座の例

今日左中弁長宗朝臣進狀云、節會外弁座、弁・少納言任位次着座例、御注進片文可注給之由、令申之間、被注遣了、相國拜賀可相伴之由、思給候之處、歡樂事候之間、相扶於陣可參會之由、存之趣載狀了、

今日源次□〔郎〕取大□〔方〕注連《シメ》、目代國隆令雇歟、竈□前不取之、例也、賜渡□〻、予方注連同取之、□□〔如カ〕賜酒、幸甚〻〻、

筆匠

今日五条筆匠參入、賜米三斗了、先日筆［　］入之故也、

御齋會延引

「（頭書）後聞、御齋會可爲來廿二日之由、有沙汰、大閤（二條良基）殿下等有勅問處、御齋會延引不扶由、
被申之間、被停止了、

眞言太元兩法の執行

兩法自八日如例被行之、加持香水今度不及沙汰云々、不依御齋會停止、先々有沙汰歟、
今度御沙汰不審、
去［　］日延引□十四日被始行了、

奥山田御稲より粥雜事人夫等を進めず

今夕自奥山田御稲粥雜事人夫等不進之、以外也、
窮冬節季物少分沙汰進間、返遣了、其故歟、奇恠也、」

足利義詮位牌書式

兩代御昇進次第給候了、承候了、可進上候歟、今度□□位牌□（書）
書樣、無左右難計申候、但等持院殿延文三年六［　］
樣、此兩樣何可宜哉、
被贈申左大臣從一位之後、同五日卅五日御佛事、書改御□□
寶篋院贈左大臣從一位、、、、贈從一位
被立之由、聊注置候、彼書樣注進候、件度被尋申洞院前相國
行左大臣、、、征夷八可略歟、可書歟、然者
之間、被書出之由、其說候、今度儀、廣可有御沙汰候歟、
可書樣可注給候、態可被勘付候也、

故征夷大將軍贈從一位行左大臣源朝臣

五旬願文位署

位牌事、委奉候了、

一五旬御願文位署、典厩可有御染筆□□　御願文御位署事、無可相似、今度之所□□

御童躰、幼少之上、未及判形御沙汰候歟、可有義候哉、□

以前可被書始吉事候、如御下文者、無位署、又

可被經御沙汰候歟、

判形未及沙汰□(候)之間、旁無可被書之物、仍位署

代官名字にて可書之由、可説候へとも、先規不分□

女院并内親王等於御願文者、□(雖)無所見候、敍位除目

公家さまニハ、別當奉仰書候、勿論候歟、武□(家)

申文加別當署候之条、勿論候、於武家者所見不□

先例不審候、所見候者、可勘給候、九爲孝□

被書位署之条、何可有苦候哉、必〻可被□□

故大樹義詮卿位牌自初七日立之、贈官位已後被書直歟、大□(臣)□

円寂正二位前亞相征夷大將軍寶篋院□(殿カ)□ 端山懽(マヽ)

七七日忌百日忌の諷誦願文位署

(頭書)「後聞、四十九日・百ヶ日兩度諷誦願文、被書左馬頭位署名字、同□書仁侍從宰相行忠書之云〻、」

(裏書)「十四日

踏歌節會樂前五位

踏哥節會樂前五位事、相催候之處、⌈　⌋子細候、迴文進上候、可有申御沙汰候、局⌈　⌋迴文候、別無御沙汰候者、可御事闕候、兩⌈　⌋・⌈　⌋家奏取次將事、以參陣次將內、剋限□□〔可被〕⌈　⌋內弁誰人可被參候哉、不審存候、兼又踏哥⌈　⌋者、版標共中勢所役候、兼日加下知候之處、今□〔年〕不被下御訪候之間、不可參之由、令申候之間、其子細可參申入之旨、仰含助豐候了、已言上候哉、不御事闕之樣、別可有申御沙汰候哉、每事可參⌈　⌋恐惶謹言、

正月十四日　⌈　⌋

正親町殿〔頭中將公時朝臣〕

踏哥節會樂前五位事、承候了、相國可□〔奏〕慶之由、其聞候、前駈之內、定其器用⌈　⌋被仰之条、可爲何樣候哉、坊家奏取續□剋限可仰候歟、內□〔弁カ〕相國可懃仕候哉、但自⌈　⌋申之□□〔其〕聞候、然者可爲他人候歟、散狀治定候間、不審存候、兼又中勢省事、只今來候之間、輕〻加問答候了、於今度者、先可參由令申候也、他事猶期面候也、謹言、

正月十四日　判〔三條西公時〕

御齋會始行

御教書未到候之間、當局六位參事、不及加下知候、仍尋申候、
嘉祝等、參會之時雖事舊候、猶不可有□□故可參賀候、
抑御齋會自今日可被始行歟之由、□□所承及候、何樣候哉、御教書未到候
之間、不審□□眞言・太元兩法者、已自八日被始行、
法者安祥寺興雅僧正候歟、眞言誰人參〔懃〕□□御齋會者、維摩會雖不被行候、自南
都講師可參候哉、委被勘付候者、畏入候、每事可參啓候、恐惶謹言、
正月十四日　師茂狀
中御門殿
御齋會延引先規邂逅候歟、不□□
祝詞、於今者事舊候早、猶不可盡□□
抑御齋會、自今日可被始行之由、□□猶不事行候之間、延引候了、可爲□
□御教書去九日書賜候了、未到以外□□日延引由、沙汰候之間、自
余書遣御教書、不□□仰了、若存其旨、不付進候歟、太元法成□□都勲仕、眞

定憲太元帥御修法に勤仕す

言ハ定憲僧正自式日勲仕、御齋□講師範忠(修學坊)法印未役候之間、領状候了、事ゝ□(期カ)参
會候、恐ゝ謹言、
正月十四日　　宣□(方)」

粥

十五日、丁亥、天晴、今日粥如例、自大方有之、

勸盃

今日勸盃三獻如例、强物如例、

左義長

今日左及打如例、於庭上南庭燒之、

北山科御稲より粥人夫等到來

今日北山科御稲粥人夫二人并皆籠八・繩八抱到來、幸甚ゝゝ、皆籠三賦進大方、

久我通相任太政大臣

是日自久我相國、以前中㔟權少輔(源)仲興奉書、被□□家君云、十六日節會以前可有御着陣、任例可令□□給之旨、太政大臣殿所候也云ゝ、件奉書不書上所之間、不□□文、可加下知之旨、以詞被答了、被仰官㔟兼治、奉書使□□持之間、相尋之處、御狀違先例之間、返進、書直可給□　□旨、返答、返進之趣、語之、

着陣の消息違式に依り返却す

今夕家君以狀、内ゝ被示遣愛宕中將長具朝臣云、□　□着陣□(事)御消息到來候、聊違先規候之間、内ゝ返進□□可書改之由、御下知候之樣、可得御意候哉、且曆應御狀案写進入候云ゝ、不及返事、則書直進之、於請文者、後日被進之了、各注左、

今日　宣旨到來、殿□(下)番頭持來、是關白殿下一座□□□(也、)上卿別當忠光(柳原)卿、不及請□(文、)慥賜

候訖、□□明日成⌈　⌋可持參之旨、被答之了、件　宣旨去年十一月　勅□〔許、カ〕　頭右大弁嗣〔萬里小路〕房朝臣、　宣下花山院大納言兼定卿之處、依⌈　⌋右筆不合期之由被申、經兩三日返進、而十二月十九日頭弁⌈　⌋籠居之間、重不及宣下、打置、于今遲引、明日相國⌈　⌋賀之間、有沙汰、可宣下之旨、被仰藏人左少弁仲光之□〔間〕⌈　⌋大理忠光卿、仍只今到來了、於　宣旨者守口宣、⌈　⌋遲〻、本所御沙汰歟、爲之如何、

〔頭書〕「今日家君以宗左衞門入道頼惠、明日可有來臨之由、被音信下一房、南一房同可有同道歟之旨、被示遣了、可參之由、有返事、今□□〔日空〕一房莖一□〔湯カ〕筒□〔被〕進之、近□〔年〕如然、」

踏歌節會以前着陣の例を問ふ

十六日節會以前可有御着陣、任例可令催具□〔給〕旨、太政大臣殿所候也、仍執達如件、

正月十四日　散位仲興

四位大外記殿

使者令持之間、写之、

十六日節會以前可有御着陣、任例⌈　⌋給之旨、太政大臣殿所候也、仍執達如件、

正月十四日　散位仲興

大夫史殿〔兼治〕

祝詞一昨日參會之時、雖事舊候、猶不□□〔可カ〕盡期候歟、幸甚〻〻、可參賀候、抑明日御着陣事御消息到來候、聊□〔違〕先規候之間、內〻返進候、可書改之由、御下知候之樣、可得御意候哉、且曆應御狀案写進入候、恐惶謹言、

暦應の着陣規式案を送致す

正月十五日　　師茂

愛宕殿〔長具朝臣〕

（頭書）「仲興正五下仁也、背先例、不書上所之間、內〻被問答處、忽書直、翌日長具朝臣語申家君云、背先規、略上所之条、太無謂、曆應故相國〔久我長通〕之時、奉書分明之上、可書直之由、被問答之間、菟〔マヽ〕角令延申之間、勘發、仍被仰仲〔源〕定朝臣了〻被書直了云〻、」

十六日節會以前可有御着陣、任例□　□具給之旨、太政大臣殿所候也、仍執達如□〔件〕

正月十四日　　右京權大夫仲□〔定〕

謹上　四位大外記殿

（頭書）「仲定四品仁也、」

明日十六日節會以前可有御着陣之□□〔由、〕奉候了、任例早可加下知候、且可令得□御意給候哉、師茂誠恐謹言、

正月十五日　　大外記中原師茂狀

口宣一紙獻之、早可被下知之狀、如件、

十一月廿五日　　右衛門督　判

大外記局

關白左大臣の席次宣旨

貞治六年十一月廿五日　宣旨

關白左大臣

宜令列太政大臣上、

權中納言兼右衛門督藤原忠□〔光〕

謹請

宣旨

關白左大臣

宜令列太政大臣上、

右　宣旨、早可令下知之狀、謹所請如件、師茂恐惶謹言、

貞治六年十一月廿五日　　大外記中原師□

不加礼紙、

關白左大臣藤原朝臣〔冬通〕（鷹司）□

權中納言從三位兼行右衞門督□□朝臣忠光宣、奉　勅、宜令列太（政）□□□上、者

貞治六年十一月廿五日　大炊頭兼大外記下總守中原朝臣師（茂）□

○以下十五日記の有無は、闕損にて未詳、十六日記首も、同闕損、修理の際、次の本文記事との間に、左の朱書がある一紙を插入してゐる、

「十五日記尾未詳

十六日記首缺失」

（十六日）○首闕、

六位外記事、忩可被申散狀候也、

春日祭

春日祭、任例可令催下知之由、可存知候、仍言□如件、

正月十六日　　　大外記中原師□(茂)

退啓

六位外記事、加下知可申散狀候、□□助參事、同可加下知候、

他事期後信候、謹言、正月十六日、判、四位大外記殿、端書曰、聊故障事候之間、不能出仕、仍內々令申候也、件狀、於內裏到來云々、」

(頭書)「○前文闕、

踏歌節會

今日踏哥節會也、仍入夜戌剋家君着朝衣巡方、□□車二藹外記師(中原)興巡方、分配、音博□(士)、參陣給、助教師(中原)秀・縫□□助師(中原)有・愚息大炊權助□□(師豊)等各直垂、爲見物密々同□(車、)予□(依)有中風氣不及見物、今夜家君參內侍所給□□行水・大麻如例、先參內侍所給、於北向妻戸前二拜、次參着床子座給、

大炊御門宗實任大納言着陣

今□(夜)大炊御門大納□□實卿着陣、大納言後也、大弁不參、直右中弁藤原宣方藏人・座頭左大史小槻兼治・申□(文)右大史三善家連、藏人右中弁奏下吉書、□(下)〻同弁々下家連、五位祗候之上、可下兼治歟、□(申)〻

久我通相の太政大臣宣下拝賀

鷹司冬通の關白宣下拝賀

踏歌節會

書(文)國大和・和泉、馬斮少外□□康隆(中原)云々、
次太政大臣通相公申拜賀、申次藏人右□□宗顯(葉室)於無名門被奏慶、如例、
次有着陣儀、大弁不參、直左中弁藤原長□□座頭左大史兼治・申文右大史高橋秀職、
藏人右□□宗顯奏下吉書、
吉書(申文)國大和・加賀、馬斮少外記師興云々、相國直被着端座云々、
寅剋許、關白殿下冬通公御拜賀、申次右中將藤□(原)季村(一條)朝臣御共(マヽ)殿上人、兩貫首不參之故也、於無名門□□奏慶給、御舞踏如例欤、
寅斜被始行節會、内弁太政大臣、外□□藤原實音(三條)卿行事、國(マヽ)・哥笛共停止、□□依鎌倉大納言事也、於舞岐(マヽ)者如例、今度三人出□□宣命使宰相中將通氏(中院)卿・坊家奏取次右少將藤原(御子左)爲有朝臣・樂前五位前大藏少輔藤原仲基實音卿前駈・大夫將監同光煕實綱卿前駈云々、續内弁、殿下御退出之時、令參仙洞給、次相國同被參仙洞云々、
今夜參陣兩局、大外記師茂朝臣・左大史兼治・少外記師興分配・權少外記清原良種・右大史秀職・家連少内記等也、
(頭書)「祿所參議隆仲(西大路)朝臣・右中弁宣方藏人・右大史秀職等着座云々、節會奉行職事頭右中將公時朝臣、但不出仕、當日右中弁宣方奉行之、内記□□(秀職)勲之、」

外任奏

外任奏　加礼紙入筥、

加賀守三善朝臣勝衡（従五下、貞治三正□□）

丹後守賀茂朝臣員定（従五下、叙不、）

右件等人任符未出、

貞治七年正月十六日

御酒勅使交名

御酒　勅使交名

左		右	
長重朝臣	廣衡朝臣	仲定朝臣	仲名朝臣
一　前左京権大夫　正四下、源、	三　前大蔵権大輔　従四下、三善、	二　前右京権大夫　従四上、源、	四　前中務権大輔　従四下、源、

豊明節會宣命案

（裏書）
「十六日

宣命　黄紙

天皇我詔旨良止万宣布大命遠衆諸□　□今日波正月望日豊樂聞食須日尓在故□（是カ）

見御酒食支閇惠良退止爲李（マヽ）今御物給久止宣

貞治七年正月十六日

踏歌節會參仕の散状

十六日節會

公卿

太政大臣（久我通相）　三条大納言（實音）

中院大納言（久我具通）　大宮大納言（實尚）

大炊御門大納言（宗實）　新中納言（御子左爲忠）

權中納言（正親町實綱）　藤宰相（藤土御門保光）

新宰相（西洞院行時）　隆仲朝臣（西大路）

通氏朝臣（中院）

少納言

外弁棟有朝臣（平）　秀長朝臣（東坊城）

弁

外弁長宗朝臣（葉室）　宣方（中御門）

仲光（廣橋）　宗顯（葉室）

次將

左

中將正四下源顯邦朝臣（白川）　中將正四下藤基光朝臣（園）

中將正四下藤季村朝臣（一條）　中將從四上顯保朝臣（四條）

中將云〻、從四下藤親忠朝臣（法性寺）　中將正五下藤親雅（中山）

右

中將正四下源雅方朝臣（壬生）　中將正四下源長具朝臣

中將從四上藤隆廣朝臣（鷲尾）　中將從四下藤嗣尹朝臣（近衞）

少將從四下爲有朝臣（御子左）　少將正五下藤敎長（山科）

大見參也、見參礼紙ニ籠祿法、

合見參五位已上

從　一　位〔良基公、前關白、內覽、号申大□〕

關白左大臣〔冬通公、從一位、〕

太政大臣〔通相公、從一位、〕

權大納言藤原朝臣實音〔正二位、〕

源　朝臣具通〔從二位、〕

藤原朝臣實尙〔從二位、〕

藤原朝臣宗實〔從二位、〕

權中納言藤原朝臣爲忠〔從二位、〕

藤原朝臣實綱〔從三位、〕

參　議（藤）□□　□保光〔從三位、〕

平　朝臣行時〔從三位、〕

藤原朝臣隆仲〔正四位下、〕

源朝臣通氏〔正四位下、備前權守、〕

正四位□〔上カ〕中原朝臣師茂　大外記、大炊頭、下總□、穀倉院別當、
正四位下藤原朝臣長宗　左中弁、
從四位上平　朝　臣棟有　少納言、
從四位下菅原朝臣秀長　少納言、
藤原朝臣永季　殿上、中務大輔、
正五位上藤原朝臣宣方　藏人、右中弁、
藤原朝臣仲光　藏人、左少弁、
藤原朝臣宗顯　藏人、右少弁、
正五位下小槻宿祢兼治　左大史、主殿頭、
□□□□□〔菅原朝臣富長〕　殿上、大内記、

○この間闕失、白紙插入、

富　長
知廣

坊家圖

踏歌節會舞人

貞治七年正月十六日

坊家圖 加礼紙、美紙四枚書之、

踏歌儛人

右頭坂本清子　　左頭清科遠子

清原高子　　藤原具子

高階嚴子　　清科清子

大中臣業子　藤原嚴子
藏人　藏人
藏人水取　藏人女史
高階里子　內藏信子
河內親子　大中臣繼子
大中臣藤子　紀清子

佐伯兼子　　　大江里子
小野紀子　　　伊勢直子
壬生弥子　　　古部藤子
清原姉子　　　吉水肴子
清原枝子　　　栗田氏子
秦重子　　　伊勢興子

紀世子　中原有子
貞治七年正月十六日
高階好子　伴景子
伊勢花子　尾張弥子

久我通相太政大臣宣下拝賀の散状

〳家君於内裏借左中弁長宗朝臣、被写之、

太政大臣御拝賀散状

公卿

通《(マヽ)》相卿（久我具通）中院大納言殿

通氏朝臣三条坊門宰相中将

殿上前駈

右中將正四下源雅方朝臣

右中將正四下云々、藤忠頼朝臣（鷹司）

右中將正四下 源
長具朝臣
左中將肥後權介藤 正四下
基光朝臣
左少將正五下 藤
親雅

御渡左中弁長宗朝臣事也、
藏人右少弁殿〔宗顯事也、〕
藏人式部大丞
藤原懷國

地下前駈
前左京權大夫 正四下 源
長重朝臣
前中務少輔 正五下 源
仲興
前治部權少輔 從五下
仲賢 重服仁也、但仰吉服也、

前中務權大輔 從四下 源
仲名朝臣
左馬權助 從五上 源
清治
前右京權大夫 從四上 源
仲定 奉行歟、

衞府長
下毛野元種
」

精進
射禮延引

十七日、己丑、天晴、午剋家君自　內裏退出給、殿下〔　　〕延引、仍月奏不被覽之、可爲後日云〻、

自今日予精進、遙拜七觀音、各觀音經一卷轉讀之、自□〔去ヵ〕貞治元年所願也、

今日射礼延□〔引〕云〻、

(頭書)十七日事也、

「今日藏人左少弁仲光觸申云、來廿二日可有政始、任例可被催沙汰云〻、□〻□〻□〻□〻□〻不及請文、可加下知之旨、以詞被答了、」

○右頭書は、十六日記の上部に記され、「十七日事也」の注が附されてゐる、

（裏書）「十七日事也、

來廿二日可有政始、任例可被催沙汰之狀、如件、

正月十三日　左少弁　判

四位大外記殿」

○右裏書は、十六日裏書に續いて記され、「十七日事也」の注が附されてゐる、

精進

十八日、庚寅、天晴、今日予精進、所作如例、又遙拜七觀音、如昨日、祈所願者也、

（頭書）「今日被修六角堂百度、」

六角堂因幡堂等に詣づ

今日家君有御同車予・助教師秀・縫殿權助師有・大炊權助師豐・虎若丸（中原師興子）等、先參六角堂給、次參因幡堂、次參北斗給、申上如每年被進之、

足利義詮贈官位宣命案

今日侍從宰相行忠卿（世尊寺）尋申云、故大樹（足利義詮）贈官位宣命案□□申之、未尋取之由、被答之了、以苅《カイ》寧《チイ》（マヽ）、何と讀候□（哉、カ）い□（かか）なる心候哉云〻、被答曰、共ニヤスシノ讀候欤、然者カイ子□□但可依前從（マヽ）之由、被勘付了、

是日官勢兼治進狀、今夕縫殿權助・史嗣名（小槻）可遂□　□小巡方借預哉、代〻佳例候之間、如此令申候云〻、付□（使）□　□間來之間、相待了、

今夜左少史小槻嗣名故大夫史量實子息申拜賀、先□□〔參カ〕前殿下、次參殿下、次參內云々、件嗣名去延文五年四月□□□任右少史、其後依不具、多年不申拜賀、小雜色兩三人許召具云々、

〔裏書〕
「十八日

御帶事猶々存佳例候之間、□□祝着令申入候也、

□□　□

今春度々參會、尤爲祝着候き、於今□　□聊可得其障候哉、一日必企參入、可

抑今夕縫殿權助・史嗣名可遂拜賀□　□御小巡方借預候哉、代々佳例候之間、如此令□□〔申候、カ〕眞實旲躰雖其憚候、迭年序遲引、□而招其嘲候之間、不可顧傍難候、如然旨趣、併期參□候、恐々謹言、

正月十八日　　兼治奉

〔師茂〕
六角殿

如仰、今春連々參會、尤恐悅候き、自他已得其憚□之上□□〔者、何カ〕樣一日企推參歟、又預御尋歟、可盡心緒候也、

抑今夕彼御拜賀事、返々目出候、小巡方付御使進借候、他事期參會候、恐々謹言、

正月十八日

十九日、辛卯、天陰、自今暁雨降、午剋已後休、

政始の沙汰

今日政始事被下知文殿、此次來月六位分配被遣□□可申散狀之由、被下知了、

今朝文殿助豊（和氣）參入、政始史生・召使等御訪事□□□擧狀之間、則書賜了、

緒仁親王宣下の沙汰

今日藏人左少弁仲光觸申云、明後日廿一日可有立親王（緒仁親王）□□（宣）□任例可被催沙汰云々、

今日遙拜七觀音、如昨日、

（頭書）「今日官㔟兼治返進小巡方帶、

厄神會

今日厄神會也、諸人參詣云々、」

來廿一日可有親王　宣下事、任例可被催沙汰之狀、如件、

正月十八日　左少弁判

四位大外記殿

明後日廿一日可有親王　宣下事、任例可令催沙汰之由、可存知候、仍言上如件、

正月十九日　太外記中原師茂

「（裏書）十九日
來廿二日政始、史生幷召使參役事申狀二通進覽候、任近例被下御訪候之□□（樣可）有申
御沙汰候乎、仍言上如件、
正月十九日　　大外記中原師茂
進上　藏人左少弁殿
銘如此、
外記・史生申狀
同
上召使等申狀」

廿日、壬辰、天陰、朝間小雨下、酉斜小雨又下、
今日家君以狀、条々被尋問藏人左少弁仲光了、⌈　⌋
是日藏人左少弁進狀云、政始上卿權中納言可構參之由、令⌈　⌋明後日可爲必定之由、沙汰候之處、昨夕俄申子細之間、就內外⌈　⌋雖被仰下候、大略不定候、參議以下適催具候之處、空延引、不便事候、日次治定候者、重可觸申候、明夜親王　宣下沙汰之間、以仕人獻御教書候き、御請文未到、不審候、　宣下仰詞可□（令カ）注給候哉、彼是爲校量不審候、可被付迴候、改元定可爲□（來）□上旬候、博士勘文舊年若付申候哉、如何、其外八可⌈

親王宣下の沙汰

□歟、可承存候、期明夜參會候也云々、被答曰、明後日□　□俄依申子細、延引、日次治定候者、可觸承之間、可□　□親王　宣下事、御教書昨日到來候之間、即進□　□未到以外候、親王　宣下仰詞事、如記録、每度□□　□恐恨候、改元定可爲來月上旬之由、奉候了、治部卿時(菅原時親)□　□幷文章博士氏種(日野)朝臣勘文付賜候之間、預置候、其□(外)□□候、付職事候哉、每事可參啓候云々、端書曰、明夜親王　宣□(下)□配外記良種(清原)所勞之由申候、但無殊沙汰事候、可得御意候哉云々、

改元定

今日小兒戴餅・成餅・味噌食之、進家君兩□(所カ)遣助教殿□(方カ)

葛野御稻より藁を納む

今日自葛野御稻藁未進、進之、

是日藥王寺僧道乘房被招引之處、依目所勞、不被來云々、

釋奠の沙汰

(頭書)「今日藏人左少弁仲光觸申云、尺奠任例可被催沙汰云々、可存知由、被出請文了、」

(裏書)「廿日

今朝　右少將藤原實博去七日被　宣下□未被　宣下直候、何樣候哉、忩下□
□歟、爲御意得申入候、

何条御事候哉、

抑先日被尋下候敍位停止年々幷女敍□　□兩通注進仕候、可有御進入候乎、

親王宣下

十六日節會［　　］處、御計會不得便宜候之間、不及付進上候、懈怠候、
兼又明日可有親王　宣下之由、被下御教書候、必定　何宮御坐候哉、不審存候、
可承存候、明後日廿二日政始必定候哉、上卿已下被申領狀候歟、如何、委可奉存候、
每事可參啓候、恐惶謹言、

正月廿日　　師茂

勘解由小路殿

釋奠の沙汰

今朝条〻令申候了、於今者定參着候歟、□〔敍〕位［　　］事兩通給候了、可進入候、
明日親王　宣下必定候、仙洞〔西洞院行時〕一宮御事［　　］政始延引候了、參議平宰相・少
納言秀長［　　］仲光可參候也、上卿權中納言俄申子細候之間、延［　］定日追可
觸申候、右少將實博可爲左事、去七日則　宣下改候き、於何所懈怠候哉、以外候、
可尋沙汰条〻、期明夜參會候、恐〻謹言、

正月廿日　　仲光」

〔裏頭書〕
『尺奠、任例可被催沙汰之狀、如件、

正月廿日　　左少弁 判

四位大外記殿

釋奠、任例可令催沙汰之由、可存知候、仍言上如件、

正月廿日　大外記中原師茂〔状〕』

足利義詮贈官位の宣命位記等

廿一日、癸巳、天晴、朝間聊陰、今日舊冬〔故〕□大樹贈官位宣命・勅書・位記等、被借少納言秀長朝臣、被写之、書去年十二月廿九日記了、

柳原資衡課試

今日大理忠光卿〔柳原〕進狀、是子息資衡課試　宣旨進之、而取落請文之間、被答其趣了、

今日藏人右少弁宗顯觸申云、射礼可爲來廿八日、任例可被催下知之〔旨〕□可存知之由、被出請文了、

是〔マヽ〕藏人右中弁宣方尋申云、縣召除目二月被行例不〔審〕□□　□可爲來月上旬之由、被仰下、

日次雖相尋、未注進候、三月連□　□御齋會被停止候了云々、被注遣了、

〔第六十四卷〕

「(包紙)應安四年同七年之記」

○この一卷は、筆者未詳の抄録で、應永十七年具注暦（存自正月至十一月二十九日）の紙背から、引續き具注暦本文の行間に書寫されてゐる、

○上記は後筆、

應安四年辛亥記

正月小

元日節會

一日、丙戌、天晴、元日節會、公卿關白(二條)師良公・内弁洞院大納言實守卿・徳大寺大納言實時卿・藤中納言(柳原)忠光卿・新中納言(中院)通氏卿・藤宰相(土御門)保光卿・左大弁宰相(萬里小路)嗣房卿・右中弁(裏松)資康・少納言(東坊城)秀長朝臣・次將左(法性寺)親忠朝臣・(中山)親雅、、・(白川)顯英・右(鷲尾)隆廣、、・職事頭左中將(中御門)宗泰、、・藏人左中弁(中御門)宣方・藏人左少弁(廣橋)仲光・藏人權右少弁(坊城)俊任奉行・六位藏人(藤原)懷國・(東坊城)言長・(高倉)永行・(藤原)孝繼・大外記師茂朝臣・(清原)宗季・(小槻)兼治・(小槻)光夏・少外記(中原)師興・(清原)良種内記代・史生(紀)職親・官掌(中原)國豐・召使(和氣)助豐等參之、六位史不參云々、

敍位

五日、敍位、敍位議、執筆大納言實守卿已下參陣、

白馬節會

節會、
七日、白馬節會、内弁右大臣殿(九條)忠基・右大將(花山院)兼定卿・四辻大納言善成卿・按察大納言(萬里小路)仲房・今出川中納言實直・藤中納言・新中納言・藤宰相・大炊御門三位中將冬宗・嗣房、、・少納言秀長、、・外弁弁資康・右少弁(葉室)宗顯・次將左親雅、、・顯英・右隆廣、、・(園)基明、、右馬頭代、此外殿下(二條師良)・右頭中將(園)基光・藏人左中弁・藏人左少弁・藏人權右少弁・次將(八條)季興、、左馬頭代・(藤原)兼氏・(四)(中原師茂)□位大外記・(清原宗季)新大外記・(小槻兼治)官務・光夏・官掌國豐・召使助豐等參陣、

御齋會延引
眞言大元帥御修法
節分

御齋會延引、
八日、御齋會延引、眞言・大元法被行之、

十一日、節分也、

立春

十二日、立春朔、

御齋會延引
僧除目

御齋會始延引事、
十四日、御齋會可被始行之處、依佛具違乱、入夜俄延引、自明日可被行之云々、今夜除目僧事被行之云々、

御齋會始行

御齋會始、
十五日、御齋會自今日被始行也、昨日初日分今日重被行入之、上卿參議(土御門)保光卿遲參・左中弁宣方・右大史(高橋)秀職・出居官人堀川時弘等參之、官掌(中原)國廉内々參之云々、抑御齋會〔式〕初日延引事、嘉厂度講師遲參之間、八日延引、同九日被始行、初日八日分重被行入云々、

御齋會延引の例

踏歌節會

節會
十六日、節會、内弁右大臣殿・右大將・中院大納言具通卿・今出川中納言・藤中納言・新中納言・新宰相中將(西園寺)公兼卿・清水谷宰相公廣卿・嗣房朝臣左大弁宰相・少納言秀長・弁藏人左中弁宣

方・右中弁資康外弁・藏人左少弁仲光・藏人權右少弁俊任・次將左季興朝臣・顯保(四條)朝臣・親忠、、・親雅朝臣・伊顯(白河)・顯英(白川)・右基廣、、・基明、、・具顯(龜谷)、、、此外殿下・右頭中將・四位大外記・新大外記・大夫史(小槻兼治)・新大夫史(小槻光夏)・康隆(中原)・師興・師豐(中原)・秀職・家連(三善)・國豐・助豐等參陣云々、

十七日、射礼延引了、今日記錄所始、武家評定始云々、

御齋會終、
十九日、御齋會結願也、上卿左大弁宰相嗣房朝臣・左中弁宣方・權少外記良種・右大史秀職・出居官人左大志時弘・召使助豐等參之、官掌國廉以直垂參之、不可然事也、御齋會以後内論義也、上卿以下衆僧等參内向也、

記錄所始
幕府評定始
御齋會結願

二月大

一日、乙卯、大原野祭延引云々、

三日、釋奠延引了、無序者之故也、

四日、祈年祭、依神宮敵陣、不被行之、

六日、春日祭延引、

十三日、大原野祭、藏人權右少弁俊任(坊城)被參向之云々、

大原野祭延引
釋奠延引
神宮敵陣に依り祈年祭を行はず
春日祭延引
大原野祭

釋奠諸役

釋奠、上卿師大納言實音卿(三條)・左大弁宰相嗣房朝臣(萬里小路)・少納言秀長朝臣(東坊城)・左少弁仲光(廣橋)・四位大外記師茂朝臣・新大外記宗季(清原)・新大夫光夏(小槻)・座主助教師秀(中原)・少外記康隆(中原)・師興(中原)等參行之云〻、此外題者・序者・文人等參之、交名可尋記、

園韓神祭

廿三日、園幷韓神祭、右少弁宗顯(葉室)・兵衞內侍等參行之云〻、

錦小路萬里小路の燒亡

廿六日、子剋、錦小路万里小路邊燒亡、安威入道(性遵)宿所燒失云〻、

山名時氏死去

廿八日、山名左京大夫入道道靜(時氏)入滅云〻、累日所勞也、今夜則送丹波國云〻、

御讓位の料足を沙汰す

卅日、御讓國料足爲武家沙汰、懸洛中所〻土藏、一所別廿貫文、三ヶ日中可沙汰進之旨、各相觸之由、今日聞之、

三月小

御讓位の日時

一日、乙酉、御讓位事、可爲來十五日云〻、□日・廿三日・廿七日云〻、

日吉社神輿の造替を檢知す

十二日、日吉神輿造替事、遣官使加檢知、可注進功程之由、爲藤中納言忠光(柳原)奉行被仰了、官使人數有廣左一・職村(中原)左二・成兼右二・信平右三・官掌國豐(中原)、已上五人也、

柳原忠光邸に行幸
內侍所渡御

行幸柳原殿、
廿一日、今夜自土御門殿行幸柳原第、藤中納言忠光卿宅、內侍所同有渡御、

行幸

行幸行粧

左大將(二條師嗣)　近衛大納言(兼嗣)　○西園寺中納言(公永)　藤中納言　御子左中納言(爲遠)　中院中納言(通氏)　新宰(四辻公
相(彥)　公時朝臣(三條西)　嗣房朝臣(萬里小路)

少納言

秀長朝臣(東坊城)

左近衛府

顯保朝臣(四條)　親忠(法性寺)、、　教(虫損)、朝臣　伊顯(白河)

右近衛府

隆廣朝臣(鷲尾)　基明朝臣(園)　顯英(白川)

左衛門府

明宗(坂上)

左兵衛府

資教(日野)

職事

宣方(中御門)　仲光(廣橋)　藤原懷國　藤原永行(高倉)

反閇

在弘朝臣(賀茂)

緒仁親王宣下

廿二日、於柳原殿被行親王　宣下事、新主御事也、(後圓融院)

後圓融院踐祚

讓位事、

廿三日、陰晴不定、御讓位也、新主先有御元服、、、、後自柳原殿舊主御所(後光嚴院)幸土御門殿、大殿有(二條良基)御同車云々、此後於柳原殿被行御讓位節會、內弁右大臣殿忠基公(九條)、節會之後、內侍所自柳原

劒璽渡御の儀なし

殿有渡(御)□土御門殿、新主內裏、今度無劒璽渡御、紛失故歟、

新主御諱緒―仁舊主皇子、御年十四、

御讓位の散狀

御讓位散狀三廿三

公卿

內弁忠基公 右大臣　外弁實音卿(三條) 帥大納言　外弁具通卿(久我) 中院大納言　兼嗣卿 近衞大納言　外弁實直卿 今出川中納言　外弁忠光卿 藤中納言新院執權

散狀外 御子左中納言 外弁爲遠卿　宣命使通氏卿 中院中納言　外弁公廣卿 淸水谷宰相　外弁公彥卿 新宰相　外弁右宰相中將 公時朝臣　外弁左大弁宰相 嗣房朝臣

少納言

秀長朝臣

弁

右大 長宗朝臣(葉室)　右中外弁 資康(裏松)

大内記
（菅原）淳嗣
次將
左
四条中將顯保朝臣　八条中將季興朝臣　一条中將季村朝臣　坊門少將信藤
右
隆廣朝臣　散狀外（藤原）雅兼朝臣　基明朝臣
右衞門府
佐知輔
左兵衞府
佐（日野）資教

閏三月小

一日、甲寅、

後光嚴院の尊號を奉る

六日、今夕被行　（後光嚴院）新院尊号　宣下、同兵仗　宣下等、上卿洞院大納言實守卿以下參陣云々、

開闢解陣
後光嚴院聽始
日野資教拜賀
後光嚴院御幸始
北山殿に御幸す
御幸行粧

次有開闢解陣、上卿以下同人兼行云々、
今夜新院聽始以下被行之云々、
廿日、今夜廷尉佐資教(日野)右、故藤大納言時光卿(日野)次男、被申拜賀云々、
廿一日、今日新院御幸始也、唐庇御車、殿下(二條師良)御車寄・右大臣(九條忠基)殿以下公卿騎馬、束帶、殿上人同之、供奉人々見散狀、
新院自柳原殿御幸北山殿、前右大臣實俊公(西園寺)第、出御午一點、

御幸始壬三廿一

師良(二條)(御)□車寄　關白　忠基　右大臣　兼定(花山院)　右大將　實□(音)(三條)　師大納言　兼嗣　近衛大納言　實直　今出川中納言　忠光(柳原)　藤中納言
爲遠(左)　御子□中納言　通氏卿　中院中納言　公廣　清水谷宰相　公彥(四辻)　室町宰相　左大弁宰相(萬里小路)　(嗣)□房朝臣

殿上人

右大弁(葉室)　長宗朝臣　頭左中將(中御門)　宗泰朝臣　頭右中將(園)　基光朝臣　山科中將 內藏頭　教繁朝臣　八条中將　季興朝臣　法性寺中將　親忠朝臣　園中將　基明朝臣
(中御門)藏人左少弁(マヽ)　宣方　右中弁(裏松)　資康　藏人左少弁(廣橋)　仲光　藏人權右少弁(坊城)　俊任　修理權大夫(藤原)　爲敦　右權佐使　資教　坊門少將　信藤
白川少將　顯英　六位藏人 新院　藤原懷國　同 內 中勢(マヽ)丞　菅原言長(東坊城)　極﨟 同　藤原永行(高倉)　同 新院藏人　藤原孝繼

後騎

公永卿
西園寺中納言

御後官人

右大尉（中原）
章頼

御随身

将曹

左将曹　　　　　右将曹　　　　左官人　　　　　右官〔人〕
秦好方　　秦久弘　　〔秦〕□久〔方〕□　　秦久勝

番長

左　　　　　右
秦延任　　下毛野武勝

近衛

秦兼有　　秦重冬　　下毛野種□〔延〕　　下毛野元貞　　秦兼益　　秦兼香

反閇

陰陽頭（賀茂）
在弘朝臣

御路

御幸通路

毗沙門堂大路東行、今出川南行、一条西行、西大宮西行、土御門末西行、靫負北行、
一条西行、八町柳北行、□〔迄〕御所、

御車後廳官職親(紀)・爲景・盛秀(中原)・廣直・光種・春景・康政・氏廣(紀)、以上八人也、出御々所、自門前至于東一町許云々、自惣門付御車、路□(次)不御共(マヽ)云々、還御之時、其儀同前云々、

還御後御布衣始

御布衣始

御幸還御之後、有御布衣始、但及翌□(日)廿二日有此儀之由、聞□(之)

細川頼之弟伊勢に下向す

廿二日、細川民部少甫管領武藏守頼之朝臣弟、發向伊勢國、

御代始

廿七日、晴陰不定、代始也、上卿權大納言藤原(三條)公豐卿・參議□□(藤原)保光卿(土御門)・少納言菅原秀長(東坊城)朝臣・右大弁藤原長宗朝臣・左少弁仲光・大外記清原宗季・官勢右大史三善家連・左官掌國廉(中原)爲國(賀茂)秋代官參之・右史生安倍是廣・召使助豐・弁侍友里等參衙□(之カ)云々、六位史一人參衙之間、五位史被立申文云々、吉書役事信平勲仕之云々、

後光嚴院尊號宣下詔書覆奏

今夜被行　尊号　詔書覆奏・開闔使奏・女官除目等之由、聞之、今夜又新院北面始也云々、上北面二人參着之、下北面源康(成)・藤原定重・同信泰・源□(廣(マヽ))□(晉カ)・同廣衡(マヽ)・藤原頼國、已上六人參着也云々、各束帶也、各六位也云々、

後光嚴院文殿始

勸盃の儀

廿八日、新院文殿始也、先有議定始、次文殿始也云々、而大判事明宗(坂上)爲位次上首之間、勸盃之儀、依無骨、壬生(小槻兼治)・大宮(小槻光夏)無左右有早出、仍及嚴蜜(マヽ)沙汰、可被除其衆云々、且代々法曹□(輩)上首之□(時、)勸盃儀無骨之間、或不參、或早出了、仍任父祖例、進退之處、及嚴密御沙汰之条、不便也、且又文殿衆事、當家顯職之輩、兩人被除其衆之条、無先規上、今度儀非指

過失之上者、無相□(違)之様、可預御執奏之由、被申大殿(二條良基)御狀事也、件日大外記宗季(清原)祗候、位次爲官人章世(中原)下﨟、被請彼盃云々、無念次第也、兼可早出之由、被一揆之處、恐時議不退之、爲章世下﨟被請盃之条、爲兩局、爲其身、無故實云々、

〔四月〕

松尾祭

二日、今日松尾祭、權右少弁俊任(坊城)・內侍等參向、

平野祭

平野祭、左中弁宣方(中御門)・勾當內侍、已上二人參行云々、

山城國美豆御牧の住人石清水社に爭鬪流血に及ぶ

六日、今日聞、昨日五日山城國美豆御牧住人中村黨類等七人、欲□(閉カ)籠八幡宮中之間、社勢被管(マヽ)者等多馳向社頭、攻戰之、仍迯籠寶殿中御前內陣、於神躰御坐之砌、或被致害、□(或)令自害了、則雖引出社外、神殿及流血、散々不淨觸穢了、仍奉渡神躰於若宮殿云々、先代未聞珎事也、

日吉祭延引
祭除目

十四日、日吉祭延引、神輿未被造替之故也、今夕警固昨日延引幷祭除目也、

賀茂祭

十五日、賀茂祭也、近衛使白川少將顯英・官人勢多大夫判官章賴(中原)一人・女使、園中納言基隆卿被沙汰立、

賀茂社に穢あり

抑今月十一日賀茂社有五躰不具穢云々、延否事有沙汰、而不可爲□(穢カ)之由、被治定欤、沙汰之趣、不知之、

解陣
止雨奉幣使發遣

十六日、解陣也、又被發遣止雨奉幣使、

五月

一日、癸丑、

勸修寺經顯の拜賀

七日、今夕內大臣經顯公（勸修寺）從一、御拜賀也、同可有着陣之由、兼日雖被仰之、延引了、扈□（從）公卿已下散狀注左、

任大臣拜賀の散狀

散狀折帋ニ書之、

大臣拜賀　五七

上達部

大納言　公時卿（三條西）三条宰相中將　嗣房□（卿）（萬里小路）左大弁宰相

殿上前駈

（山科）教繁朝臣內藏頭　顯保朝臣（四條）四条中將　隆廣朝臣（鷲尾）四条中將　基（マヽ）朝臣（基光）園中將　定量朝臣（町）前民部少輔　宣方（中御門）藏人左中弁　俊任（坊城）藏人權右少弁

經重（勸修寺）左兵衛權佐　長親前民部權少甫　氏房（九條）前右衛門佐　兼長（甘露寺）右兵衛佐

地下前駈

重治　忠賴　忠直　冬明　光明　重基

雑色長

秦久弘

石清水社の穢に依り廢朝
石清水社下遷宮

八日、石清水宮依穢氣被行廢朝事、上卿權大納言公豐卿(三條)、今夜石清水宮御躰奉渡若宮云々、

十一日、去五日軒廊御卜也、上卿權中納言忠光卿(柳原)・職事藏人權右少弁俊任・史秀職(高橋)・官寮等參之、石清水宮神躰、本社造替之間、若宮与護國寺可奉渡何方哉事也云々、可奉渡神躰於假殿日時、同被定云々、仍去八日被奉御躰於若宮、一向社家沙汰也、假殿御坐御裝束不及調獻、

石清水社造替の評議
石清水社造替の御前議定

十三日、今夕於殿上可被議定同(石清水八幡宮)造替御事之由、聞之、

十九日、今夜於新院(後光嚴院)殿上、被議定石清水造替事、大殿良基公(二條)・前內大臣實繼公(三條)・帥大納言實音(三條)・中院大納言具通(久我)・藤中納言忠光・中院中納言通氏・三条宰相中將公時・左大弁宰相嗣房・奉行職事藏人權右少弁俊任參之、兩局勢新大外記宗季(清原)依召被參候也云々、造替事・神寶御裝束事・實檢事・一社奉幣發遣事・社務深清法印可被改補哉否事、以上五ヶ条被定申之由、聞之、仰詞見左、

議定仰詞

議定仰詞

八幡宮造替條々

三所神殿悉可有造替歟、若又可爲一殿歟事、

神寶事、依神殿造替之治定、可有沙汰哉事、

實檢使事、穢氣事已治定之間、未被遣之、猶若可有其沙汰否事、

祈謝事、一社奉幣爲毎度之儀歟、今度事超過先規之上者、以何事猶可被□〔謝〕申哉、且加今案可計申事、

梁清法印事、一社不穢由、申之、遂行神事、且不經奏聞、奉還坐御躰、汚穢神寶、無左右成灰燼、若可有罪科哉事、

是等条、令諸卿定申ヨ、

梅宮祭

廿五日、梅宮祭、藏人左中弁宣方等參向之、

延曆寺六月會

廿七日、延厂寺六月會始也、來月四日結願、藏人左少弁仲光〔廣橋〕今日令登山之由、聞之、

六月小

一日、壬午、

石清水社神殿造替

三日、被行軒廊御卜、八幡神殿三所悉可有造替歟、又可爲一殿歟之間事也、上卿權大納言

公豊卿（三條）・職事藏人權右少弁俊任（坊城）、

石清水社奉幣

十四日、可被行八幡一社奉幣之由、被仰云〻、

後光嚴院の褻御幸始

十六日、新院（後光嚴院）褻御幸始也、御幸北山殿、御車寄前右大將（今出川）、公直卿、路次無供奉、殿上人六人・下北面六人各六位已上供奉、召次所不供奉之云〻、

廿三日、去夜廿二日被勘八幡宮造替条〻日時、杣山事・木作始事・立柱上棟事、

勸修寺經顯の直衣始

廿四日、內府（勸修寺經顯）直衣始云〻、殿上人二人・前駈二人・衛府長一人扈從云〻、

七月大

一日、辛亥、

石清水社神殿木作始

九日、今日石清水宮神殿木作始也、左中弁藤原宣方（中御門）・右大史三善家連・左史生安倍經廣右史生中原職村代・左官掌中原國豐等參向之、陰陽寮頭在弘朝臣（賀茂）同參向之云〻、外殿實検、今日同被遂之、參向人〻同前、供給事、建武度被社家不致沙汰間、武家沙汰也、今度無沙汰也云〻、

久我通相病に依り出家

十二日、久我前太政大臣通相公出家、年四十五、或四十六云〻、依所□危急也、

久我通相の薨去

十四日、久我入道太政大臣薨去、

後光嚴院二條良基邸に幸す

廿五日、新院（後光嚴院）御幸二条殿、（二條良基）大殿御所、于時殿下（二條師良）御同宿、終夜御酒宴、翌朝巳剋還御云〻、

石清水社放生會延引

釋奠

石清水社造替立柱上棟の日時定

幕府石清水社装束料を沙汰す

駒引

石清水社一社奉幣

八月大

一日、辛巳、安威入道（性遵）他界云々、

十五日、□（八）幡放生會延引、造替遷宮遲々之故歟、

十七日、釋奠、上丁七日延引、上卿藤中納言忠光卿（柳原）・弁藏人權右少弁俊任（坊城）以下參行、

廿八日、造八幡宮立柱・上棟日時定、上卿三条大納言公豐卿・職事藏人權右少弁俊任官方兼行・史家連（三善）參陣云々、寮不參、可爲來月廿五日云々、

九月

五日、八幡御装束料足百貫文武家沙汰之、一方分五十貫、

廿二日、駒引、上卿權大納言公豐卿（三條）以下參之、次八幡一社奉幣也、上卿同前、使清水谷宰相□（公）廣卿已下參之、次八幡御装束行事所始日時定、上卿同前、藏人左中弁宣方（中御門）・職事藏人權右少弁俊任（坊城）・官勢右大史家連（三善）等參陣云々、次行事所始、左中弁・史家連以下參之、

十月

石清水社造國司の宣下

廿四日、今夕八幡宮造國司　宣下、上卿中院中納言通氏卿・權右少弁俊任(坊城)職事兼行・史秀職(高橋)等參陣、仰詞、爲相模守源頼之(細川)朝臣宜令造進八幡宮、者

細川頼之を造國司となす

石清水社立柱上棟祭

廿五日、八幡宮立柱・上棟也、官掌豐兼(紀)拂曉參向之、上卿大納言藤原實守(洞院)卿・左中弁藤原(中御門)宣方朝臣・右大史三善家連・左史生安倍經廣職村(中原)代・右官掌豐兼・左史生中原國貞官掌國豐(中原)代・陰陽寮頭在弘(賀茂)朝臣參向之、此外有廣・職村・信平等內〻參向之、武家代官吉見兵部大甫詮頼・赤松藏人將監義則、奉行人布□□(施彈)正大夫入道昌椿(資連)已下數輩參之云〻、棟門東迴廊爲上卿・弁・史・史生・官掌座、各一列、西上北面、寮對史座着之、南面、同廊東爲武家代官座、赤松兩人參着之云〻、奉行人等東廊ニ着之、

十一月大

十二月

春日社神木入洛

二日、午剋、春日神木入洛、着御長講堂、

石清水社遷宮

十一日、遷宮日時定并一社奉幣也、夜前可被行之處、上卿權中納言源通氏(中院)卿依遲參、今日巳剋各被行了、今夜亥剋八幡御遷宮也、上卿權中納言源通氏卿・參議平行知(安居院)卿・左中弁

宣方（中御門）・少外記康隆（中原）・右大史秀職（高橋）・家連（三善）・官掌等參行也、此外諸衞參向之、有廣以下雖參向之、依無所役、以布衣内〻參候之、

石清水社放生會

十五日、八幡放生會也、上卿代平宰相行知卿・左中弁宣方・右大史秀職・右官掌國廉（中原）參向之、此外近衞次將等令參向云〻、外記不參、

春日社神木を柳原忠光廣橋仲光邸に振る

十七日、今夕奉振春日神木於藤中納言忠光（柳原）卿幷藏人左少弁仲光（廣橋）宿所了、彼兩所先日被放氏了、

例幣使發遣

廿七日、例幣發遣也、先於陣被定日時、次於神祇官發遣、上卿平中納言親顯卿・右中弁資康（裏松）、外記不參、史秀職・官掌豐兼（紀）・使神祇權大副清直（賀茂）・卜部兼遠・忌部親守（齋部）等參之、

内侍所御神樂

今夜内侍所御神樂被行之、

應安七年

正月大

元日節會

一日、丁卯、元日節會、内弁平中納言親顯卿・外弁中院中納言通氏卿・平宰相信兼・少納言菅

在敏朝臣・右中弁資康（裏松）朝臣・次將左親雅（中山）朝臣・季村（一條）朝臣・右基明（園）朝臣・大外記師茂朝臣・宗季（清原）・官務（小槻）兼治□（于）時重服・權大外記康隆（中原）・權少外記師豐（中原）・右大史家連（三善）以下參行之、

春日社神木の在京に依り敍位停止

五日、敍位停止、依神木在□（洛）也、

白馬節會

七日、白馬節會也、內弁平中納言・中院中納言・平宰相・少納言秀長（東坊城）朝臣・右中弁資康朝臣・次將左親忠（法性寺）朝臣・親雅（中山）朝臣・隆信・實宣（裏辻）左馬頭代、、、―職事頭左中弁宣方（中御門）朝臣・藏人左少弁仲光（廣橋）・藏人權右少弁俊任（坊城）・大外記師茂・宗季・史兼治・光夏（小槻）・少外記師豐・史家連・史生職親（紀）・官掌國廉（中原）以下參陣云〻、

御齋會停止

八日、御齋會停止、兩法如例、

中山親雅邸燒亡

十五日、巳剋燒亡、中山少將親雅在所燒亡、

踏歌節會

十六日、節會、平中納言・中院中納言・平宰相・少納言秀長朝臣・弁資康朝臣・右少弁宗顯（葉室）・次將左實宣・右隆廣（鷲尾）朝臣・職事頭右大弁長宗（葉室）朝臣・頭左中弁宣方朝臣・藏人左少弁仲光・同權右少弁俊任・兩局務宗季・光夏・師豐・季宣（中原）・史家連・史生職親・官掌國廉・召使（宗岡）行益等參陣、

射禮

十七日、射礼被行、右中弁資康參行云〻、

後光嚴院崩御

廿八日、酉下剋、新院（後光嚴院）弥仁御年卅七、御治世、於柳原殿崩御、此間種〻御祈禱等有之、雖然終以御事、

後光嚴院御所内を鹿七疋走り廻る

天下歎何事如之、抑去十七日鹿七疋〈或二疋云々〉走入藤中納言忠光(柳原)卿〈新院執權〉御宿所之後、參新院御所、走廻御所中退出云々、其後又廿五日參之由、聞之、酉下剋有御事歟之處、又温氣出來給、今曉寅剋又御氣絶給之由、披露之、仍崩御日可爲今日云々、

○末行「今曉寅剋……」の記は廿九日の事項である、

二月小

後光嚴院遺詔奏

二日、〈丁酉〉、今夕可有新院(後光嚴院)遺詔奏也、上卿中院中納言通氏卿・藏人權右少弁俊任(坊城)〈弁兼行于時神宮職事也〉・大外記師茂朝臣・左大史兼治(小槻)〈重服中〉・少外記師興(中原)・本家使右中將隆廣(鷲尾)朝臣等參陣、廢朝自今日可爲五ヶ日、御稱号後光嚴院、

後光嚴院を泉涌寺に奉葬す

子剋後光嚴院御葬礼御幸也、奉送泉涌寺、〈四条院御例云々〉、御車云々、參僧安樂光院長老曇淨上人、御葬礼之間、三度被立勅使、一番頭左中弁宣方(中御門)朝臣、二番藏人左少弁仲光(廣橋)、三番藏人權□(弁カ)俊任(坊城)云々、

大葬の儀

御葬礼御幸

公卿

實音卿(三條)帥大納言　公永卿西園寺中納言　忠光卿(柳原)藤中納言　教言卿(山科)前右衛門督　公時卿(三條西)不參、三条宰相中將　嗣房卿(萬里小路)左大弁宰相

顯保卿(四條)不參、右衛門督

殿上人

山科中將教繁朝臣　或本載之、(橘)知繁朝臣　右中將不參隆廣朝臣　中山中□(將)親雅朝臣　園中將基明朝臣　(高倉)永季朝臣　右中弁(裏松)資康朝臣

(中院)光顯朝臣　上北面、加殿上人列云々、(橘)知廣　右衛門佐(東坊城)言長

下北面

豊原奉長　藤原定重　源康衡　藤原信泰　大江成豊　同成能

御隨身

秦久弘　同久方

御遣手

石鶴丸

御壺召次

幸、丸　幸松

御車副

一人持御榻、

御車寄

實繼公〔三條〕前內府

幸路

自西門出御、室町南行、一□□〔条東〕行、烏丸南行、、、東行、□□□□□〔万里小路南行、〕二条東行、
京極南行、五条東行、大和大路南行、落橋東行、二社南行、坂下東行、鍋良小路北行、
觀音寺大路東行、又南行迫于泉涌寺惣門、
正卅御出家、則御入棺、御法名光融、御戒師泉涌寺長老、

後光嚴院の法名を光融と申す

後光嚴院奉仕者に素服を賜ふ

六日、今夜於舊院仙洞、宮以下人々給素服、見左、

素服人二六

宮々

円満院宮　仁和寺宮　梶井宮　青蓮院宮　妙□〔法〕院宮

女房

內親王　出家二位局　中納言典侍局　宰相典侍局　別當三十七出家云々、　出家少納言內侍局　出家左京大夫局

公卿
前右大臣《実俊公》（西園寺）　前内大臣《実継公》（三條）　前右大将《公直卿》（今出川）　帥大納言《実音卿》　勘解由小路前中納言《兼綱卿》　藤中納言《忠光卿》　御子左
中納言《為遠卿》　四条前中納言《隆右卿》（鷲尾）　前右衛門督《教言卿》　左大弁宰相《嗣房卿》

殿上人
教繁朝臣　隆廣朝臣　親雅朝臣　基明朝臣　永季朝臣　光顯朝臣　（日野）資教　言長　資康《奉行》

上北面
知廣　（藤原）懷國

下北面
藤原定重　源康衡

御隨身
秦久弘

主典代　〈院广資爲素服卅八具令調進之、宮〻素服幷女房・公卿・殿上人以下析、〉

資爲

广官
（中原）盛秀

後光嚴院舊臣殺害さる
後光嚴院二七日聖忌
一向宗僧勸進して四條川原橋を架く
園韓神祭停止
後光嚴院三七日聖忌
後圓融院錫紵を着御

十一日、今曉備前守懷國舊院上北面、於舊院仙洞柳原殿被致害了、

十二日、今日故院二七日御忌、於仙洞□〔有〕御写經云々、

十六日、四条川原橋事始云々、一向勸進僧沙汰也云々、

十七日、園并韓神祭停止、

廿四日、被立後光嚴院三七日御誦經使於七ヶ寺、常住寺・仁和寺・東寺・西寺・蓮花王院・泉涌寺・天龍寺、上卿平中納言親顯卿、參議不參、權右少弁俊任・職事藏人左少弁仲光執筆・大外記師茂朝臣・官勢兼治重服・少外記師興・右大史秀職〔高橋〕重服、文永諒闇之時、廣爲重□〔服〕奉行之云々、史盛〔中原〕左官掌國廉・召使行益〔宗岡〕等參陣云々、使前攝津守源惟教朝臣一人參之、

一　人々御訪事、史秀職三百疋、貞治三四□□〔百疋〕官掌國廉且百疋、追猶可被下云々、延文五百文被下之、貞治三二百疋、使□□〔部三〕十疋、同□〔度カ〕五十疋、召使并外記使部百疋、同度□□〔三百カ〕疋、追又五百文被下□〔之〕衞士三十疋、

一　御誦經物大藏省案木工寮、莚掃部寮、元亨官□調進云々、名香藏人方、以上被下料足調進之、貞治例各被折中云々、

今夜　內裏御倚廬被召錫紵、公卿・女房・殿上人給素服、公卿已下素服、內藏寮年預櫛笥判官明胤〔坂上〕調進之、內裏御服同寮官調進之、貞治料足今度被折中云々、

素服人名

應安七二廿四
素服人數

公卿

親光卿 源大納言(中院)　具通卿 久我大納言　親顯卿 平中納言　定具卿 土御門中納言　通氏卿 中院中納言

殿上人

頭右大弁 長宗朝臣(葉室)　(三條)公敦朝臣　(山科)教藤朝臣　有孝朝臣(六條)　(御子左)爲有朝臣　藏人左少弁 仲光　前左兵衛佐 經重(勸修寺)　(甘露寺)兼長

隆信(油小路)　資(日野)□(衛)　裏辻少將 實宣　六位藏人 藤原永行(高倉)　六位藏人 橘知季

女房

典侍時子　掌侍春子　藤原行子　藤原種子

命婦菅原茂子　丹波賴子

藏人紀宗子　源政子

後光嚴院御月忌始

廿九日、(後光嚴院)舊院月忌始也云々、

三月大

一日、丙寅、

天下觸穢滿つ

後光嚴院五七日聖忌

七僧法會

二日、天下穢限今日、自去月二日今日滿三十ヶ日、

四日、故院(後光嚴院)五七日御誦經使發遣也、次被行七ヶ日御誦經定、上卿平中納言親顯卿・職事藏人左少弁仲光(廣橋)但早出云々、・藏人權右少弁俊任(坊城)官藏人方兼行云々、・大外記師茂朝臣・官勢兼治(小槻)重服・少外記師興(中原)・右大夫秀職(高橋)・左官掌國廉(中原)・召使行益(宗岡)等參陣之云々、今日七ヶ寺、延厂寺・園城寺・円宗寺・法勝寺・淨金剛院・天龍寺・泉涌寺等也、

參陣使散位藤原宗茂・民部權少輔高階成量等參之云々、

又於仙洞柳原殿被行七僧法會云々、內親王御施主云々議也、此外御中陰之間、御仏事等、爲內親王御施主之儀、有御沙汰云々、御中陰之間、御前僧并七僧法會散狀、見左、

仙洞御中陰之間祗候僧也、

御前僧

山良憲法印　寺經深法印　山長聖僧都　房淳僧都　山良壽僧都　山心兼律師

以上礼時懺法之衆、

護摩

阿弥陀 良憲法印　不動 經深法印　光明眞言 理性院宗助權僧正

以上、

中殿御壇所
円満□□〔院宮〕　妙法院□〔宮〕
於仙洞柳原殿被行之、於寝殿東面□□〔被行〕之式儀也云々、

三四
七僧法會所作僧名

呪願師 權僧正宗助　講師 良憲法印權大僧都
讀師 經深法印權大僧都　三礼師 長聖權大僧都
吹師 房淳權少僧都　散花師 良壽權少僧都
堂達 心兼權律師

題名僧
堅海法印權大僧都
円俊權少僧都
教円
權律師　長學

房譽　定舜　定憲　範伊

着座公卿

源大納言(中院親光)　平中納言(親顯)　大藏卿(東坊城長綱)

堂童子

左

經重(勸修寺)　頼房(萬里小路)

右

長經(藤原)　資衡(柳原)

御布施取

秀長朝臣(東坊城)　冨長朝臣(東坊城)　資康朝臣(裏松)　實宣(裏辻)　藤原永行(高倉)　橘知季

後圓融院倚廬殿より還御す

五日、今夜主上(後圓融院)自倚广還御本殿、自今日改御装束備諒闇御装束云々、開闢・解陣・□(橡)袍　宣下等被行之、上卿平中納言・弁藏人權右少弁(坊城俊任)・職事藏人左少弁(廣橋仲光)・大外記師茂朝臣(清原)・宗季・官勢(小槻兼治)・少外記師興・右大史秀職・官掌國廉・召使行益・諸衞四人此内六位藏人二人參陣也云々、

十二日、又聞、昨日十一日院御方於伏見殿着御錫紵云々、依旧院(後光嚴院)御事被召之、

後光嚴院七七日聖忌

十八日、今日故院御四十九日也、被立七々日御誦經使於七ヶ寺、東大寺・興□□(福)・大安寺・□□・法隆寺・天龍寺・泉涌寺、

上卿不參、無定故也、被行之、去四日藏人左少弁仲光官藏人方兼行・少外記□□（師興）・右大史高橋秀職・左官掌中原國廉・召使和氣助豐等參陣之、御誦經使散位源教氏云〻、於舊院仙洞柳原殿被行庭儀、曼陀羅供已下条〻御佛事、爲内親王御施主之儀、被修之云〻、今度御中陰仙洞御仏事〻、爲三条前内府公實繼・藤中納言忠光卿故院執權奉行、毎事被計申沙汰、内御方諒闇以下事、爲大殿（二條良基）御計有申御沙汰、傳奏按察仲房（萬里小路）卿・職事藏人左少弁仲光被申沙汰也、

後光嚴院御分骨を金剛院に移し奉る

廿二日、故院御遺骨自泉涌寺被渡嵯峨金剛院、彼長老參泉涌寺奉迎取云〻、此外御拾骨之時、奉渡深草殿、藤中納言忠光卿奉懸頸被入申之云〻、又奉入安樂光院之由、承及者也、

晉奏警蹕宣下

廿三日、今夜晉奏警蹕　宣下也、上卿平中納言親顯卿・職事藏人左少弁仲光・少外記師興等參陣、史不參云〻、

幕府評定始

廿四日、昨日廿三日武家評定始也云〻、後光嚴院御事以後、始而被行之、

後光嚴院奉仕者の除服宣下

廿六日、後光嚴院素服輩除服出仕事　宣下被行之、上卿平中納言親顯卿・職事藏人左少弁仲光・少外記師興、已上三人參陣之、六位史不參云〻、除服可從公事間事、外記成　宣旨、彼案注左、

後光嚴院の御分骨奉納所

舊院御遺骨被奉納所之、

深草法華堂
天龍寺金剛院
天王寺
高野山
泉涌寺
安樂光院

深草法花堂、天龍寺金剛院、天王寺難波浦、高野山、泉涌寺、安樂光院、

權大納言藤原朝臣實音
權中納言藤原朝臣忠光
藤原(御子左)朝臣爲遠
參議　藤原朝臣嗣房

○以下は紙背具注暦の行間に記されてゐる、

除服宣下

從二位行權中納言平朝臣親顯宣、奉　勅、件等人宜除後光嚴院素服、令從公事、者

應安七年三月廿五日　大炊頭兼大外記下總守中原朝臣師茂奉

散位藤原(山科)朝臣教繁朝臣
右近衞權中將藤原(鷲尾)隆廣朝臣
左近衞權中將藤原(中山)親雅朝臣
右近衞權中將藤原(園)基明朝臣
散位　藤原(高倉)永季朝臣

右中弁藤原資康朝臣
右近衞權少將源光顯(中院)朝臣
右衞門權佐藤原朝臣資教(日野)
右衞門佐菅原朝臣言長(東坊城)
從二位行權中納言平朝臣親顯宣、奉　勅、件等人冝除後光嚴院素服、令從公事、者
應安七年三月廿五日　　大炊頭、、、師茂奉

四月大

平座停止

一日、丙□、平座停止、無断足之故也云ゝ、

松尾祭延引

松尾祭、依無断足延引云ゝ、

平野祭延引

平野祭、依同事延引云ゝ、

梅宮祭延引

二日、梅宮祭、依同事延引云ゝ、

廣瀬龍田兩祭行はれず

四日、廣瀬・龍田祭、近代不及被行之、

內裏奏事始

(九)□日、內裏奏事始也、頭右大弁長宗(葉室)朝臣付女房被奏始也、大殿(二條良基)御參候、此外傳奏無參內云ゝ、

十三日、警固、昨日延引、上卿平中納言(親顯)、

賀茂祭

十四日、賀茂祭、傳奏葉室前中納言(長顯)・職事藏人右少弁(葉室宗顯)、武家析足四万疋進之云々、近衛使左少將顯英(白川)朝臣、伯三位(顯邦王)被沙汰立、依諒闇僮僕等不押文、不付花粧車略之、用網代文車、□□云々、菅笠也、官人博士大夫判官明宗(坂上)宿祢、鉾持不付花風流、依諒闇也、女使典侍平知子、前平宰相行知卿(安居院)沙汰□(之、カ)此□(外)□可尋記、行列權大外記康隆(中原)・權少外記季宣(清原)沙汰進之、分配外記師胤(中原)申御訪之□可沙汰進季宣之由、被密仰清大外記宗季(清原)云々、

解陣

十五日、解陣、上卿平中納言親顯卿、正月依故院(後光嚴院)御事、延引了、

今日武家御所的也云々、

平野祭

廿五日、平野祭、右少弁宗顯(葉室)參向之、

吉田祭

廿九日、吉田祭也、左少弁仲光(廣橋)參向之、

五月小

後光嚴院百ヶ日聖忌

九日、後光嚴院百ヶ日也、於舊院柳原殿有御仏事、此間被修五種行法云々、

六月

日吉社石山京極寺の神輿入洛す

祇園社神輿

北野社神輿

諸社神輿入京の例

廿日、今夜日吉神輿七基幷石山京極寺神輿等入洛、仍武士等參　內裏、奉警固門々、一基奉振一条万里小路、神輿行事所前、三基奉振□〔弁カ〕一条京極、河崎西門西邊、四基奉振□〔弁〕出□　□云々、祇園神輿奉振四条京極、□□□□□□〔北野神輿奉振弁〕一条大宮云々、□□〔廿〕一日□□□□〔曉日吉神輿〕已下□〔奉〕入、祇園當社幷北野神輿同奉歸入本社、

抑彼神輿去應安元年八月廿九日三基八王子・十禪師・客人・赤山京極寺神輿等入洛、同二年四月廿日四基大宮・聖眞子・二宮・三宮、入洛、同年八月三日七社神輿歸坐本社、其後造替事有其沙汰、同四年十二月廿三日爲神輿實檢、官使參向本社、同五年十一月十六日主典代广官等重參向之、遂實檢了、去年八月四日神輿行事所屋析足五百貫、爲武家沙汰進之、此後重析足沙汰云々、仍爲院广沙汰、已雖造立行事所、神輿析足猶不及其沙汰、被閣之間、依造替遲々、奉入之云々、但神無乘御之儀、舊神輿許奉返入之儀也云々、然間今度衆徒等一人毛不供奉、以公人等許奉入之由、有其聞、爲後日猶可尋一定、

追人々說云、如衆徒事書者、奉返入舊御輿之由、載之、如座主宮令旨者、空輿之由、被載之云々、然者無神乘之儀、奉入御輿許之□無子細歟、

八月小

北野祭神輿動座に依て延引

四日、北野祭延引、依輿訴詔、日吉神輿但空輿御在洛、當社神輿御動坐之故也、

釋奠諒闇に依て停止

今日尺奠停止、依諒闇也、

石清水放生會

十五日、石清水放生會、權大納言源(中院)親光卿・藏人權右少□□□(弁藤原カ)(坊城)俊任傳奏行事・權大外記康隆(中原)・次將一人・左馬允紀氏廣等參向之、

造天龍寺事始

十九日、造天龍寺事始也、勅使藏人頭左中弁藤原(中御門)宣方朝臣、件寺去年九月廿八日夜燒亡、有仏殿以下七ヶ所事始、弁并瀧口諒闇服、

九月大

御燈停止

三日、御燈停止、依諒闇也、

例幣使延引

十一日、例幣延引、

小除目緒仁親王の親王宣下

廿八日、今夕被行小除目、又有親王　宣下、上卿平中納言親顯卿・執筆權右少弁俊任(坊城)藏人・職事頭左中弁宣方(中御門)朝臣・權少外記季宣(清原)等參陣云々、

十月小

一日、癸巳、平座、上卿權大納言源(中院)親光卿・藏人右少弁藤原(坊城)俊任、以上二人參陣、此外各不參云々、

十一月大

暦奏

一日、御厂奏、被付内侍所、

興福寺の訴訟に依て流人宣下

五日、流人　宣下、上卿源(中院)大納言親光卿・右少弁藤原(坊城)俊任・職事頭右大弁藤原(葉室)長宗朝臣・権少外記清原季宣・右大史家(三善)連等参陣、官人不参、

流人交名

流人交名

前平宰相(安居院)行知卿　美乃

三寶院僧正　□□　俗名磯部浪近

覺王院僧正宋緣　備中　俗名原□方

源知俊法師　遠江　法名元奇

以上、依南都訴詔被配流、于時神木在洛、

今度官府不及請印、

春日平野両祭延引

十一日、春日・平野祭延引、

梅宮祭延引

十二日、梅宮祭延引、

大原野祭延引

十五日、大原野祭延引、

園韓神祭延引

十六日、園・韓神祭延引、

鎮魂祭延引
十七日、鎮魂祭延引

新嘗祭延引
十八日、新嘗祭延引、依無析足也、

敍位
十九日、敍品　宣下、藤原仲子前權中納言兼綱卿(勘解由小路)女　敍從三位、上卿源大納言親光卿・右少弁俊任・職事頭左中弁宣方朝臣(中御門)・少納言秀長朝臣(東坊城)・權少外記季宣等參陣、六位史・內記不參之、

廣橋仲光轉任の拜賀
又藏人權右中弁仲光(廣橋)□□(被申カ)轉任拜賀云々、

吉田祭
廿三日、吉田祭、右少弁俊任・新內侍等參行、

平野祭
平野祭、左中弁宣方朝臣頭・新內侍參向云々、

梅宮祭
廿四日、梅宮祭、權右中弁仲光參向云々、

住吉社神殿上棟日時定
石淸水社末社遷宮日時定
廿七日、今夕於陣、被勘造住吉社神殿上棟日時幷石淸水八幡宮末社狩尾社遷宮日時等、上卿平中納言親顯卿・右少弁俊任・官務兼治(小槻)吉服參陣、

大原野祭
今日大原野祭、左少弁宗顯(葉室)・新內侍等參向之云々、

鎮魂祭
廿九日、鎮魂祭、左少弁宗顯・新內侍・宮主代助豐(和氣)等參向之、

新嘗祭料足なきに依り行はれず
卅日、新嘗祭可被行之由、兼日雖有沙汰、無析足之間、不及其沙汰云々、

十二月大

官司修造日時定
官廳後房の修造
土用に入る
四條富小路京極燒亡
三條油小路等燒亡
萬里小路嗣房拜賀
僧除目
春日社神木歸座
即位日時定
春日社神木歸座供奉者

五日、可有官司修造日時定之由、被仰之云々、但内々被召風記、不被行定旨、翌日聞之、
七日、官庁後房南門已下所々立柱・上棟也、朝所東門等同之、北門事、不及其沙汰、自明後日九日入土用之故也、又四神族日月銅烏以下柱穴堀（マヽ）儲之、同可入土用之故也、
十日、御輿御装束破損事、被検知之、左中弁宣方朝臣（中御門）・官勢兼治（小槻）吉服・史生職親（紀）・官掌國廉（中原）等令參陣、注之由、語之、
十三日、申剋四条坊冨（マヽ）小路京極燒亡、又三条油小路至三条坊門室町邊燒亡、
今夜新中納言嗣房卿（萬里小路）左衛門督被申拜賀、則着陣、又被行除目僧事、
十七日、春日神木歸坐本社、供奉散狀左在之、又御即位条々日時□（定カ）・同行事所始等被行之云々、

广安七三十七
神木歸坐供奉散狀
公卿
右大臣殿（忠基公（九條））　徳大寺大納言（實明卿）　三条大納言（公豊卿）　大炊御門大納言（宗實卿）　今出川大納言（實直卿）　近衛大納言（兼嗣卿）
殿　一条大納言殿（經嗣卿）　西園寺中納言（公永卿）　洞院中納言（公定卿）　西園寺新中納言（公兼公）　御子左中納言（為遠卿）
別當（嗣房卿 權中納言）　中御門宰相（宗泰卿）　持明院宰相（□□卿（保冬））　花山院三位中將（通定卿）

殿上人

頭右大弁（葉室）長宗朝臣　右中弁（裏松）資康朝臣　藏人權右中弁（廣橋）仲光　左少弁（葉室）宗顯　藏人右少弁（坊城）俊任　左衛門權佐（勸修寺）經重　藏人右佐（日野）資教　右少將（裏辻）實宣　頭左中弁宣方

此外

大殿良基公、御參、但路次無御供奉、

殿下（二條）師良公、有御供奉、

別當嗣房卿、共（マヽ）官人章忠、五位、

卽位由奉幣使發遣

十九日、御卽位由奉幣發遣也、依諒闇中無行幸、

卽位敍位

廿日、御卽位敍位、

大炊御門道場燒亡

廿四日、大炊御門道場燒失、

卽位式春日社神木在京に依て延引今日に及ぶ

廿八日、御卽位也、依神木在洛、自御讓位至于當年四ヶ年延引、官广行幸、、、仍爲當日

行幸□也、内弁以下參仕人々、可尋記、

卽位式參仕者

御卽位

内弁

右大臣忠基公

外弁

宗實卿大炊御門大納言　實直卿今出川大納言　公定卿洞院中納言　公時卿三条中納言（三條西）　成賢卿綾小路宰相　保冬卿持明院宰相

擬侍従

左

宗泰卿中御門宰相　散位藤伊能朝臣　少納言平棟有朝臣

右

（一條）公勝左兵衛督従三　散位藤爲敦朝臣（八條）　少納言菅在敏朝臣

宣命使

公定卿洞院中納言

典儀

少納言秀長朝臣菅（東坊城）

賛者

雅樂允藤井氏吉（外）□記本和氣豊貝

掃部允藤原貞同本記貞久

燒香

圖書允 同本件安元

屬 同本少屬源爲□（里カ）

主殿允伴守春 外記本少屬藤井正吉

屬 外記本少屬藤井正吉

內記

右菅淳嗣

少三善家連 右大史、圖書頭

中務省

權少輔（源）清治

外記本入之、内舍人和氣景豐

同 助村

彈正臺

內竪

右官掌少忠紀豐兼

頭

式部省

大内記兼行
少輔淳嗣　同本宗岡行嗣
丞代
輔代則時
兵部省
大輔棟信　同本和氣助廣
丞代
輔代
兵庫寮
頭定直
隼人司
權大外記
正中原康隆　不參、
開門
從五下
伴守繼　同
佐伯守久
左近衞府
大將代
文章博士（菅原）
在胤朝臣
中將代

將監 狛葛房
少將代
右近衛府
大將代
散位平 時清朝臣
中將代
將監 多久兼
少將代
多忠繼
左衛門府
使 權佐（勸修寺）經重　使大尉（坂上）尉明宗
右衛門府
佐（東坊城）言長　使藏人（日野）權佐資教
使大 尉景頼
左兵衛府

佐兼長　尉

右兵衛府

佐資衡　權佐兼宣

尉

近衛次將

左

（八條）季興朝臣　（中山）親雅朝臣　（月輪）季尹　（八條）實興　（一條）公邦

右

（鷲尾）隆廣朝臣　（山科）教藤朝臣

此外

官方奉行
頭左中弁藤原宣方朝臣

藏人方奉行
藏人權右中弁藤原仲光

奉行
大外記中原師茂朝臣

清原宗季

奉行
左大史小槻兼治

同　光夏（小槻）
少外記中原師興
權少外記同　師豐
清原季宣
右大史三善家連 奉行內記兼行
右少史小槻通古
右史生紀　職親 奉行
左官掌中原國廉 奉行
右官掌紀　豐兼 彈正臺兼行
上召使和氣助豐

住吉社遷宮

廿八日、住吉社遷宮也、右大史秀職（高橋）・至要所史生職親代康政・使部二人參向、史生氏廣（紀）不參之、藏人方調進神寶御裝束等事、武家料足無沙汰之間、追可被調獻之由、社家申請之間、先被遂遷宮、史・〻生下向許也、

昭和五十一年五月二十五日 印刷
昭和五十一年五月 三 十 日 発行

史料纂集
師守記 第十

校訂 藤井貞文
小林花子

発行者 太田ぜん

製版部 続群書類従完成会製版部

印刷所 株式会社 平文社
東京都豊島区北大塚二丁目二三番二〇号

発行所 株式会社 続群書類従完成会
東京都豊島区北大塚一丁目一四番一〇号 田中ビル
電話＝東京(916)六〇八九 振替＝東京六二六〇七

師守記 第10　　史料纂集 古記録編〔第49回配本〕
〔オンデマンド版〕

2014年1月30日　初版第一刷発行　　定価（本体10,000円＋税）

校訂　藤井貞文
小林花子

発行所　株式会社　八木書店　古書出版部
代表　八木乾二
〒101-0052 東京都千代田区神田小川町3-8
電話 03-3291-2969(編集) -6300(FAX)

発売元　株式会社　八木書店
〒101-0052 東京都千代田区神田小川町3-8
電話 03-3291-2961(営業) -6300(FAX)
http://www.books-yagi.co.jp/pub/
E-mail pub@books-yagi.co.jp

印刷・製本　(株)デジタルパブリッシングサービス

ISBN978-4-8406-3316-1　　AI327